Der Chiemsee-Kessel

eine archäologisch-kriminalistische Betrachtung

Bücher von Harry Eilenstein:

- Astrologie (496 S.)
- Photo-Astrologie (428 S.)
- Horoskop und Seele (120 S.)
- Tarot (104 S.)
- Handbuch für Zauberlehrlinge (408 S.)
- Physik und Magie (184 S.)
- Der Lebenskraftkörper (230 S.)
- Die Chakren (100 S.)
- Meditation (140 S.)
- Drachenfeuer (124 S.)
- Krafttiere – Tiergöttinnen – Tiertänze (112 S.)
- Schwitzhütten (524 S.)
- Totempfähle (440 S.)
- Muttergöttin und Schamanen (168 S.)
- Göbekli Tepe (472 S.)
- Hathor und Re:
    Band 1: Götter und Mythen im Alten Ägypten (432 S.)
    Band 2: Die altägyptische Religion – Ursprünge, Kult und Magie (396 S.)
- Isis (508 S.)
- Die Entwicklung der indogermanischen Religionen (700 S.)
- Wurzeln und Zweige der indogermanischen Religion (224 S.)
- Der Kessel von Gundestrup (220 S.)
- Der Chiemsee-Kessel (76 S.)
- Cernunnos (690 S.)
- Christus (60 S.)
- Odin (300 S.)
- Die Götter der Germanen (Band 1 – 80)
- Dakini (80 S.)
- Kursus der praktischen Kabbala (150 S.)
- Eltern der Erde (450 S.)
- Blüten des Lebensbaumes:
    Band 1: Die Struktur des kabbalistischen Lebensbaumes (370 S.)
    Band 2: Der kabbalistische Lebensbaum als Forschungshilfsmittel (580 S.)
    Band 3: Der kabbalistische Lebensbaum als spirituelle Landkarte (520 S.)
- Über die Freude (100 S.)
- Das Geheimnis des inneren Friedens (252 S.)
- Von innerer Fülle zu äußerem Gedeihen (52 S.)
- Das Beziehungsmandala (52 S.)
- Die Symbolik der Krankheiten (76 S.)
- König Athelstan (104 S.)

Kontakt: www.HarryEilenstein.de / Harry.Eilenstein@web.de

Impressum: Copyright: 2011 by Harry Eilenstein – Alle Rechte, insbesondere auch das der Übersetzung, vorbehalten. Kein Teil des Buches darf ohne schriftliche Genehmigung des Autors und des Verlages (nicht als Fotokopie, Mikrofilm, auf elektronischen Datenträgern oder im Internet) reproduziert, übersetzt, gespeichert oder verbreitet werden.

Herstellung und Verlag: BoD - Books on Demand, Norderste   **ISBN:** 9783743197312

Inhaltsverzeichnis

I   Der Chiemsee-Kessel — **6**
   I 1.   Größe und Aussehen des Chiemsee-Kessels — 6
   I 2.   Die Fundgeschichte des Chiemsee-Kessels — 7
   I 3.   Die Grundlagen der „Nationalsozialismus-Theorie" — 8

II   Die keltischen Ritual-Kessel — **10**
   II 1.   Funde von keltischen Kesseln — 10
      II 1. a)   Übersicht — *10*
      II 1. b)   Die verschiedenen Kesselarten — *11*
      II 1. c)   Das Material der Kessel — *14*
   II 2.   Die Verwendung der Kessel — 15
   II 3.   Die Trinkhörner — 16
   II 4.   Die Entstehung der Ritual-Kessel — 17
   II 5.   Die sieben Weltwunder — 18

III   Die Vorgeschichte der Ritual-Kessel — **19**
   III 1.   Frühe Formen der Religion — 19
      III 1. a)   Frühe religiöse Motive: Die Muttergöttin — *19*
      III 1. b)   Frühe religiöse Motive: Der Seelenvogel — *21*
      III 1. c)   Frühe religiöse Motive: Die Wiedergeburt — *22*
      III 1. d)   Frühe religiöse Motive: Die Wiederzeugung — *23*
      III 1. e)   Frühe religiöse Motive: Das Wiederstillen — *24*
      III 1. f)   Die älteste Religion: Der Schamanismus — *25*
      III 1. g)   Frühe religiöse Motive: Das Innere Feuer — *26*
   III 2.   Die Wurzeln der Mysterien-Kulte — 28
      III 2. a)   Die Mysterien — *28*
      III 2. b)   Der Torque — *28*

IV   Die Bilder des Chiemsee-Kessels — **29**
   IV 1.   Die Anordnung der Bilder — 30
   IV 2.   Der Aufbau der einzelnen Bilder — 30
   IV 3.   Die sechs Außenbilder — 31
      IV 3. a)   Der Pferde-Gott — *32*
      IV 3. b)   Der Rad-Gott — *34*
      IV 3. c)   Der Hirsch-Gott — *35*

IV 3. d)	*Der Ziegenbock-Gott*	*37*
IV 3. e)	*Der Harfen-Gott*	*40*
IV 3. f)	*Der Schwert-Gott*	*42*
IV 3. g)	*Zusammenfassung der Außenbilder*	*44*
IV 4.	Die Bäume zwischen den Außenbildern	47
IV 5.	Die drei Innenbilder	51
IV 5. a)	*Der Hirsch-Gott*	*51*
IV 5. b)	*Der Baum-Gott*	*53*
IV 5. c)	*Der Löwen-Gott*	*57*
IV 5. d)	*Zusammenfassung der Innenbilder*	*60*
IV 6.	Bodenbild	61
IV 7.	Die Bildergeschichte des Chiemsee-Kessels	61

V Vergleich des Chiemsee-Kessels mit dem Gundestrup-Kessel — 62

V 1.	Vergleich der Motive	63
V 1. a)	*Hirsch-Gott*	*63*
V 1. b)	*Eber-Gott*	*64*
V 1. c)	*Pferde-Gott*	*65*
V 1. d)	*Rad-Gott / Rad-Göttin*	*66*
V 1. e)	*Schlange*	*67*
V 1. f)	*Stier*	*68*
V 1. g)	*exotische Tiere*	*69*
V 1. h)	*Pflanzen*	*70*
V 1. i)	*Frisuren*	*71*
V 1. j)	*Aufbau der Außenbilder des Kessels*	*72*
V 2.	Vergleich der übrigen Merkmale	73
V 2. a)	*Fundort*	*73*
V 2. b)	*Aufbau des Kessels*	*73*
V 2. c)	*Maße*	*73*

VI Ergebnisse — 75

VI 1.	Zusammenfassung	75
VI 2.	Schlußfolgerung	76

I Der Chiemsee-Kessel

I 1. Größe und Aussehen des Chiemsee-Kessels

Der im Chiemsee gefundene Kessel besteht aus 10,5kg 18-karätigem Gold (750-er Gold) und hat einen Durchmesser von 50cm und eine Höhe von 28,5cm.

Er ist aus zwei Lagen von dünnen geprägten Goldplatten, die zu einem Kessel zusammengefügt worden sind, hergestellt worden.

Der Chiemsee-Kessel

I 2. Die Fundgeschichte des Chiemsee-Kessels

Der Kessel wurde 2001 in der Nähe von Arlaching im Chiemsee ca. 200m vom Ufer entfernt zufällig von den beiden Tauchern Jens Essig und Stefan Lohmann gefunden.

Solch ein Fund gehört, wenn er nicht aus der Zeit des Nationalsozialismus stammt, für den Sonderregelungen gelten, zur Hälfte dem Finder und zur Hälfte dem Land, in dem der Fundort liegt. Für das Land, in diesem Falle also Bayern, ist in dieser Angelegenheit das bayrische Finanzamt zuständig, das daher ein archäologisches Gutachten für diesen Kessel in Auftrag gegeben hat.
Wegen dieses Auftraggebers sind die Untersuchungsergebnisse nicht-öffentlich, d.h. sie werden geheim gehalten. Auch der beauftragte Professor Ludwig Wamser erteilte auf Anfragen hin keine genaueren Auskünfte über die Gründe für sein Urteil.
Der Untersuchung der Archäologischen Staatssammlung München zufolge ist der Kessel eine Fälschung. Der mit der Untersuchung beauftragte Professor schloß eine keltische Herkunft aus und geht von einer Herstellung in den ersten Jahrzehnten nach 1900, also vermutlich vor der Nazi-Zeit aus.
Die verwendete Löttechnik, über die leider keine genaueren Angaben erhältlich waren, soll nicht von den Kelten verwendet worden sein.

Das Schweizer Materialprüfungsanstalt hat den Kessel von Jeremy Northover von der Universität Oxford, Walter Golan von der Royal Trust of Empire, Marianne Senn von der EMPA Dübendorf und Professor Detlef Günther von der ETH Zürich prüfen lassen. Auch sie sind zu dem Schluß gekommen, daß dieser Kessel aus der Neuzeit stammen muß.

2003 ersteigerte ein Schweizer Finanzmakler den Kessel für 300.000€. Der Erlös wurde zwischen den Findern und dem Land Bayern je zur Hälfte aufgeteilt.

Der Finanzmakler, der den Goldkessel ersteigert hatte, wurde wegen mehrerer Betrügereien 2012 zu einer Haftstrafe verurteilt. Da der betreffende Makler zudem 6 Jahre zuvor in Konkurs gegangen war, wurde der Kessel bereits 2006 zu einem Teil seines Insolvenzvermögens.

2014 wurde der Kessel bei einer Versteigerung durch das Konkursamt in Rapperswil von einem Unbekannten für 965.000 Schweizer Franken (800.000€) ersteigert und ist seither aus der Öffentlichkeit verschwunden.

I 3. Die „Nationalsozialismus-Theorie"

Angesichts dieser Situation stellte sich natürlich die Frage, wer den Kessel hergestellt haben könnte.

Leider gibt es zwar einige Theorien, aber es fragt sich doch, wie belastbar diese sind, da die ihnen zugrundeliegenden Dokumente nirgends einsehbar und die Zeugenaussagen nicht nachprüfbar und oft eher Vermutungen sind.

Unter diesen Theorien ist die „Nazi-Theorie" am beliebtesten. Sie beruht auf den folgenden Hinweisen:

Der Senior-Direktor der Münchner Goldschmiede-Firma Theodor Heiden sagte aus, daß der in seiner Firma tätige Goldschmied Alfred Notz seinem Chef Theodor Heiden vor seinem Tod 1960 von einem Goldkessel erzählt hat, der über 10kg wog und mit figürlichen Ornamenten verziert war und der Heidens Schmiedewerkstatt zwischen 1925 und 1939 hergestellt worden sein soll.

Sein Nachfolger Maximilian Heiden schließt jedoch aus, daß Albert Notz den Kessel in den Heiden'schen Werkstätten hergestellt haben könnte, da es keinerlei Skizzen oder Notizen zu einem solchen Kessel gab.

Max Heiden vermutet, daß das NSDAP-Mitglied Otto Grahr der Hersteller des Kessels sein könnte. Das Argument für diese Vermutung ist, daß Otto Grahr der wahrscheinlichste Ansprechpartner für die NSDAP für einen solchen Auftrag gewesen wäre, da er bereits die silbernen Totenkopfringe für die Mitglieder der SS entworfen hatte.

Heiden hält es jedoch für möglich, daß der Silberschmied Grahr sich an den Goldschmied Alfred Notz von den Heiden-Werkstätten um Rat für eine solch große Goldschmiedearbeit gewandt haben könnte.

Für eine solche Überlegung spricht laut Heiden, daß seiner Meinung nach der Kessel in technischer Hinsicht nicht besonders anspruchsvoll gearbeitet worden sei – was zu dem Silberschmied Grahr passen würde.

Es gibt die Vermutung, daß Albert Pietzsch, der Direktor der Elektrotechnischen Werke München, der Auftraggeber für den Kessel sein könnte. Eine weitere Vermutung ist, das das Gold aus dem dem Werk des Pietzsch stammen könne, da dort säureresistente Leitungen aus Gold verwendet wurden.

Schließlich soll 2011 auf einem Dachboden eine ehemals dem NSDAP-Mitglied Heinrich Himmel gehörende Liste gefunden worden sein, auf der 35 Objekte aus Gold und Silber sowie Edelsteinen verzeichnet waren und auf der auch der Eintrag „Gold-Kessel/keltisch" zusammen mit dem Namen „Otto Grahr" und „München" gestanden haben soll.

Allerdings ist auch dieses Dokument nicht zugänglich – wenn es denn tatsächlich existieren sollte.

In Bezug auf die Nazi-Theorie bleiben einige Fragen offen:

Warum wurde der schon von seinem Material her sehr teure Kessel überhaupt hergestellt?

Warum wurde von den Nationalsozialisten auf dem Kessel die keltische statt der sonst üblichen germanischen Mythologie benutzt?

Warum gibt es kein einziges vergleichbares Kunstwerk, daß von den Nationalsozialisten hergestellt und verwendet worden ist?

Warum wurde der Kessel im Chiemsee versenkt? (Die Nationalsozialisten haben wertvolle Kunstschätze normalerweise in Bergwerkstollen versteckt und nicht auf dem Grund von Seen.)

II Die keltischen Ritual-Kessel

Der im Chiemsee gefundene Kessel ist (wenn er echt sein sollte) einer von 17 keltischen Kesseln, der bisher gefunden worden sind.

II 1. Funde von keltischen Kesseln

II 1. a) Übersicht

Die sechzehn Kessel plus der Chiemsee-Kessel sind mit ihrer Größe, der Art des Fundortes und der Art der Verzierung in der folgenden chronologischen Liste aufgeführt.

Zeit	Fundort	Land	Fundlage	Durchmesser	Höhe	Bilder
700 v.Chr.	Skallerup	Dänemark	Erde	?	?	ja
700 v.Chr.	Acholshausen	Deutschland	Erde	?	?	ja
700 v.Chr.	Glamorganshire	England	See	?	?	ja
650 v.Chr.	Strettweg	Österreich	Erde	30cm	20cm	ja
550 v.Chr.	Mont Lassois	Frankreich	Grab	130cm	164cm	ja
500 v.Chr.	Hochdorf	Deutschland	Grab	60cm	40cm	ja
500 v.Chr.	Apremont	Frankreich	Grab	?	?	?
ca. 500 v.Chr.	Bra	Dänemark	?	?	?	?
ca. 500 v.Chr.	Sophienborg	Dänemark	?	?	?	?
ca. 500 v.Chr.	Duchcov	Tschechien	Grab	?	?	?
ca. 400 v.Chr.	Lough Foyle	Nordirland	See	?	?	nein
ca. 350 v.Chr.	Gundestrup	Dänemark	Erde	69cm	42cm	ja
100 v.Chr.	Angelsey	England	See	?	?	?
100 v.Chr.	Marlborough	England	Erde	40cm	30cm	ja
50 v.Chr.	Rynkeby	Dänemark	Sumpf	70cm	45cm	ja
25 v.Chr.	Devon	England	Erde	40cm	30cm	nein
?	Chiemsee	Deutschland	See	50cm	30cm	ja

Diese Kessel sind offenbar ca. 700 Jahre lang hergestellt worden. Sie variieren in Bezug auf ihre Größe, ihren Fundort und ihre Verzierung, aber es ist innerhalb dieser drei Merkmale keine Entwicklung erkennbar – wie z.B. von größeren zu kleineren Kesseln oder von verzierten zu unverzierten Kesseln.

Die einzige Entwicklung, die sich feststellen läßt, ist, daß die Kessel aus den letzten 300 Jahren alle aus England und Dänemark stammen, wo diese Art von Kesseln anscheinend 300 Jahre länger benutzt worden ist als in Mitteleuropa.

Von seiner Größe her liegt der Chiemsee-Kessel im unteren Bereich.

II 1. b) Die verschiedenen Kesselarten

Der Chiemsee-Kessel ist dem Kessel von Gundestrup am ähnlichsten.

Chiemsee-Kessel

Kessel von Gundestrup

Die beiden einfachsten Kessel sind die von Devon und von Lough Foyre:

Kessel von Devon (England)

Kessel von Lough Foyre (Nordirland)

Die beiden größten Kessel sind die von Mont Lassois (1100 l) und Hochdorf (500 l; 350l Met):

Mont Lassois (Frankreich)
1100 Liter Fassungsvermögen

Hochdorf (Deutschland)
500 Liter Fassungsvermögen
mit 359 Liter Met gefüllt

Die beiden frühesten Kessel sind Kesselwagen:

Skallerup (Dänemark) — *Acholshausen (Deutschland)*

Manche Kesselwagen stellen selber die Prozession dar, innerhalb derer sie gezogen worden sind.

Bei dem Kessel von Strettweg wird der Kessel von einer großen Göttin getragen. Vor ihr und hinter ihr führen je zwei Männer einen Hirsch. Hinter ihnen folgen jeweils ein Mann und eine Frau. An der Seite werden sie von je einem Reiter, d.h. von insgesamt vier Reitern, begleitet.

Kessel von Strettweg — *Kessel von Strettweg*

Diese Kessel sind zumindestens teilweise aus Griechenland oder Thrakien importiert worden.

II 1. c)　Das Material der Kessel

Es ist auffällig, daß der Kessel aus dem Chiemsee aus Gold hergestellt worden ist, da die übrigen Kessel in der Regel aus Bronze und in einigen Fällen aus Kupfer angefertigt worden sind. Falls der Chiemsee-Kessel echt sein sollte, müßte er besonders wichtig gewesen sein.

Die Germanen haben um 400 n.Chr. zwei große Trinkhörner aus Gold angefertigt, die mit vielen Jenseitsreise-Bildern verziert sind, und es sind von den Thrakern und den Skythen aus der Zeit von 400 v.Chr. sehr aufwendig hergestellte Trinkhörner aus Gold oder aus teilweise vergoldetem Silber bekannt.

Es sind somit zwar keine anderen Gold-Kessel bekannt, aber die Existenz derartiger Kessel zu der damaligen Zeit ist keineswegs undenkbar.

II 2. Die Verwendung der Kessel

Aus der Beschaffenheit der keltischen Kessel läßt sich eine erste Skizzierung ihrer Verwendung herleiten.

Kessel sind Gefäße für Flüssigkeiten – vom Blut über Wasser bis hin zu Wein und Met.

Die Größe der Kessel läßt vermuten, daß sie in einer gemeinschaftlichen Handlung verwendet worden sind. Sie haben ein Fassungsvermögen zwischen 15 Litern und 1100 Litern.

Ihre aufwendige Herstellung läßt vermuten, daß sie ein repräsentativer Gegenstand im Kult oder im Königtum (oder beides zugleich) gewesen sind. Da die Kelten in Stämmen organisiert gewesen sind und daher von gewählten Fürsten und nicht von allmächtigen Herrschern in einem erblichen Königtum angeführt wurden, ist die Möglichkeit, daß es Kult-Kessel sind, wahrscheinlicher. Die in Gräbern gefundenen Kessel gehören jedoch zu dem Fürsten, der in dem Grab bestattet worden ist.

Ein Kessel im Kult ist mit einiger Wahrscheinlichkeit ein Gefäß für einen Trank, der im Kult getrunken wird – zumal in den keltischen Sagen des öfteren von Zaubertränken in Kesseln berichtet wird.

Der Kessel von Strettweg wird von einer Göttin getragen und auch in den Mythen und Sagen der Kelten gehört der Kessel stets zu einer Göttin. Der Trank in ihm dient der Wiedergeburt und dem Erlangen von Weisheit.

Der „Trank der Göttin" ist ein sehr altes und weitverbreitetes Thema, das auf das Stillen der im Jenseits wiedergeborenen Toten durch die Göttin zurückgeht. Der Trank in dem Kessel hat daher ursprünglich recht wahrscheinlich die Milch der Muttergöttin im Ritual dargestellt. Aus diesem Trank wurde bei den Indogermanen dann der Soma amrita („unsterblich machender Trank") der Inder, der Haoma der Perser, der Nektar ambrosia („unsterblich machender Honigtrank") der Griechen sowie der Met der Kelten und der Germanen. Bei den Christen wurde daraus der Abendmahlswein und bei den Alchemisten das Lebenselixier.

Einige Kessel sind mit Met gefüllt gewesen – in den riesigen Kessel aus dem Grab auf dem Mont Lassois paßten 20.000 Liter Met.

Die Kessel wurden als Opfergaben in Seen versenkt (4 mal), in der Erde vergraben (6 mal) oder einem Toten in sein Grab mitgegeben (4 mal).

Die Kessel der Kelten sind recht sicher die Gefäße für den Ritual-Met, der symbolisch die Milch der Göttin im Jenseits ist.

II 3.   Die Trinkhörner

Zu einem rituellen Trank in einem aufwendig hergestellten Kessel sollten auch ähnlich aufwendig gestaltete Trinkgefäße gehören. Derartige Gefäße sind vor allem von den Thrakern und den Skythen bekannt, die aus der Hauptzeit der Kessel-Rituale um 400 v.Chr. stammen.

Die ebenfalls zu den Indogermanen gehörenden Hethiter besaßen zwar auch Trinkgefäße in Tierform, aber diese stammen aus einer ganz anderen Epoche (1800-1200 v.Chr.).

Die beiden goldenen Trinkhörner aus Gallehus haben einen deutlich anderen Stil als die Trinkhörner aus Thrakien und aus dem daran im Nordosten angrenzenden Land der Skythen. Die Funktion der beiden germanischen Trinkhörner ist den germanischen Mythen zufolge jedoch dieselbe geblieben.

Die ältesten bekannten rituellen Trinkhörner stammen aus den Steinritzungen neben den Höhlenmalereien. Sie gehören jedoch einer sehr viel früheren Epoche an.

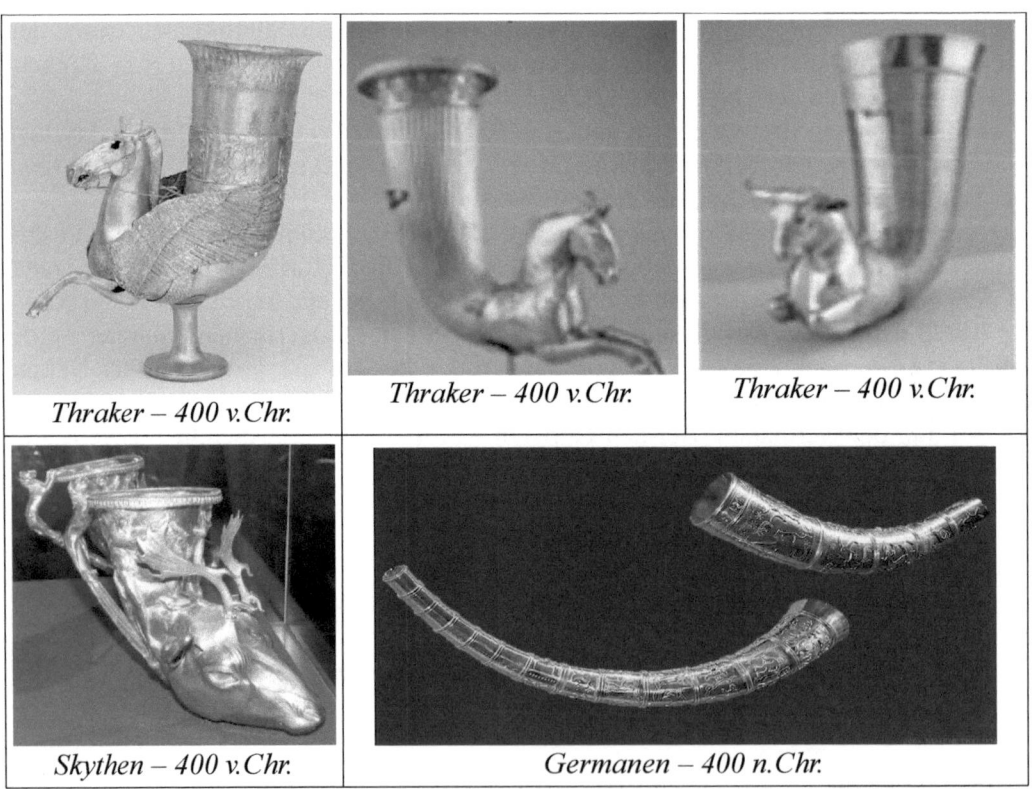

Thraker – 400 v.Chr.   *Thraker – 400 v.Chr.*   *Thraker – 400 v.Chr.*

Skythen – 400 v.Chr.   *Germanen – 400 n.Chr.*

II 3. Die Entstehung der Ritual-Kessel

Es stellt sich nun die Frage, warum um ca. 700-600 v.Chr ein derartiger „Kessel-Kult" bei den Kelten, den Thraker, den Skythen und möglicherweise auch bei den Germanen entstanden ist, der um 400 v.Chr. z.T. durch aufwendig hergestellte Trinkhörner ergänzt worden ist.

Es muß um diese Zeit den Impuls zu einem Kult gegeben haben, an dem viele Menschen gemeinsam einen rituellen Trank zu sich genommen haben.

Als dieser Impuls kommt nur die Entstehung der Mysterien und der Lehre der Selbstverantwortung infrage.

Um ca. 600 v.Chr. haben weitestgehend unabhängig voneinander in China Lao-tse und Konfutse, in Indien Buddha, Patanjali und Jaina, in Persien Zarathustra sowie in Griechenland Pythagoras etwas sehr Revolutionäres gelehrt, was man als „Jeder sein eigener König!" zusammenfassen könnte.

Um dieses Ziel zu erreichen, wurde die Jenseitsreise, die bis dahin den Schamanen-Priestern und den Königen (bei ihrer Krönung) vorbehalten geblieben war, zu einem kollektiven Ritual umgeformt: zu den Mysterien von Eleusis und von Samothrake, zu den Mysterien des Dionysos, des Orpheus, des Mithras und des Sol invictus. Auch die Kelten und die Germanen entwickelten derartige Rituale, die unter dem Schutz des vergöttlichten Schamanen-Priesters, der die Mysterien leitete, stand – bei den Kelten Cernunnos und bei den Germanen Odin.

Das Ziel dieser Weisheitslehren, Meditationen und Rituale war der Kontakt zur eigenen Seele. Dadurch erlangte man ein Ruhen in der eigenen Mitte. Darüber hinaus ist ein wesentlicher Aspekt der Begegnung mit der eigenen Seele die Erkenntnis, daß man unabhängig von seinem physischen Leib existieren kann, d.h. daß der Tod nicht das Ende der eigenen Existenz ist.

In diesen Mysterien wurde ein Trank bereitet, der die Milch der Göttin darstellte, durch den sie die Wiedergeborenen stillte – nicht nur die wiedergeborenen Toten im Jenseits, sondern auch die wiedergeborenen Teilnehmer an den Mysterien.

Aus dieser Entwicklung ergab sich eine Veränderung der Ritual-Kessel:

Die Veränderung der Ritual-Kessel			
Zeit	*Jenseitsreise*	*Ritual-Trank*	*Ritual-Gefäß*
vor 600 v.Chr.	Schamanen, Priester	für Schamanen und Priester	klein
600 v.Chr.	Entdeckung der Eigenverantwortlichkeit		
nach 600 v.Chr.	jeder, der es wollte	für Mysterien-Teilnehmer	groß

III 4. Die sieben Weltwunder

Die Mysterien hatten eine markante Auswirkung auf das Selbstbewußtsein der Menschen, denn sie erbauten in den ersten beiden Jahrhunderten nach dem Beginn der Mysterien sechs der sieben Weltwunder – die Pyramiden von Gizeh waren zu dieser Zeit schon ziemlich genau 2000 Jahre alt und stammen aus einem anderen Zusammenhang.

Land	Weisheitslehren	Meditation	Mysterien	sieben Weltwunder (600-350 v.Chr.)
China	Lao-tse Dschuang-tse Kungfu-tse	Lao-tse Dschuang-tse		
Indien	Buddha Jaina Patanjali	Buddha Jaina Patanjali		
Persien	Zarathustra	Zarathustra	Mithras	
Babylon				Hängende Gärten
Ägypten				(Pyramiden sind älter) Leuchtturm von Alexandria
Türkei				Mausoleum Artemis-Tempel
Thrakien	Zalmoxis	Zalmoxis	Samothrake	
Griechenland	Pythagoras	Pythagoras	Eleusis Orpheus	Koloss von Rhodos Zeusstatue
Römer			Sol invictus	
Kelten			Cernunnos	
Germanen			Odin	

III Die Vorgeschichte der Ritual-Kessel

Die Ritualkessel lassen sich besser verstehen, wenn man die Vorgeschichte zu ihnen kennt, d.h. den Entwicklungsbogen der Religion bis zu ihnen.

III 1.   Frühe Formen der Religion

Es gibt auf der ganzen Welt eine einheitliche Grundlage von religiösen Vorstellungen, die den späteren, unterschiedlicheren Formen zugrundeliegt. Das Verständnis dieses religiösen Fundamentes ermöglicht ein besseres Verständnis der späteren Entwicklungen.

III 1. a)   Frühe religiöse Motive: Die Muttergöttin

Eines der frühesten (religiösen) Bedürfnisse der Menschen ist das nach Geborgenheit – deshalb steht auch das Bild der Mutter zunächst im Zentrum der Psyche und bildet später den Hintergrund aller neuen Dinge, die sich in der Psyche entwickeln.

Aus diesem Grund findet sich in den ältesten Religionen die Muttergöttin im Zentrum aller religiösen Weltbilder.

Venus von Willendorf, 23.000 v.Chr.

Frauenstatuette, 23.000 v.Chr.

Göbekli Tepe, 10.000 v.Chr.

Çatal Höyük, 7.000 v.Chr.

III 1. b) Frühe religiöse Motive: Der Seelenvogel

Bei einem Beinahe-Tod verändert sich die Perspektive eines Menschen: Wenn man keine Chance mehr auf ein Überleben sieht, verläßt die Seele („Astralkörper") den materiellen Körper, was bedeutet, daß man sich selber von oben her sieht. Man erlebt sich als über sich selber schwebend. Das hat bewirkt, daß die Seele weltweit als „Seelenvogel" dargestellt wird.

Dieses Erlebnis hat dazu geführt, daß die Menschen erkannt haben, daß es im Menschen etwas Nicht-Materielles gibt, das nach dem Tod weiterbestehen könnte. Auf diese Weise ist die Vorstellung von Seelen entstanden.

Höhlenmalerei: Beinahe-Toter bei einem Jagdunfall; links unten der Seelenvogel auf einen Stab (Ursprung der Totempfähle)
Höhle von Lascaux, 16.000 v.Chr.

Toter und Seelenvogel
Ägypten, 1250 v.Chr.

III 1. c) Frühe religiöse Motive: Die Wiedergeburt

Es entstand nun die Frage, wo die Seelen nach ihrem Tod waren – vermutlich in einem Bereich, der aus derselben „Substanz" wie die Seelen bestanden und das wie die Seelen zwar mit dem Leib verbunden, aber dennoch nicht stets direkt zugänglich ist: das Jenseits.

Die Ankunft der Seelen der Toten im Jenseits stellte man sich analog zu der Ankunft der Menschen im Diesseits als eine Wiedergeburt, also eine „zweite Geburt" vor.

Durch diese Vorstellung entstand das Motiv der „zweifachen Göttin", das sich bis in die frühen schriftlich überlieferten Religionen hinein verfolgen läßt. Die beiden Aspekte der Muttergöttin waren die Diesseits-Mutter und die Jenseits-Mutter.

Höhle von Laussel: die zweifache Muttergöttin; Frankreich, 30.000 v.Chr.

III 1. d)   Frühe religiöse Motive: Die Wiederzeugung

Da die Menschen zu Rationalisierungen, also zu verstandesmäßigen Erklärungen neigen, ist die Wiedergeburt im Jenseits durch eine ihr vorausgehende Wiederzeugung ergänzt worden – was offensichtlich ein rein männliches Konzept ist …
Aus diesem Motiv haben sich viele andere Motive entwickelt:

- das Opfern eines Herdentieres zur magischen Absicherung der Zeugungskraft der Bestatteten (Der Tote nahm die Gestalt dieses Tieres an und die Göttin die Gestalt des entsprechenden weiblichen Tieres. Die Herdentiere mußten, da sie in Herden auftraten, sehr fruchtbar sein.);
- die rituelle Darstellung der Wiederzeugung bei Bestattungen, die von den Germanen, den Indern, den Etruskern, den Ägyptern und vielen anderen Völkern gut bekannt ist;
- die rituelle Darstellung der Wiederzeugung im Tempel;
- daraus entstand der erotische Tempelkult, der irreführenderweise oft „Tempel-Prostitution" genannt wird;
- das Tantra-Yoga.

III 1. e) Frühe religiöse Motive: Das Wiederstillen

Es entwickelte sich noch eine zweite Ergänzung dieses Motivs: Wenn der Tote sich zusammen mit der Muttergöttin (wieder-)gezeugt und sie ihn anschließend (wieder-)geboren hatte, wurde er auch von ihr beschützt, genährt und folglich auch (wieder-)gestillt.

Aus diesem Motiv entstand durch die rituelle Darstellung dieses Stillens der Kult-Trank, für den dann in späterer Zeit die Ritual-Kessel gebraucht wurden.

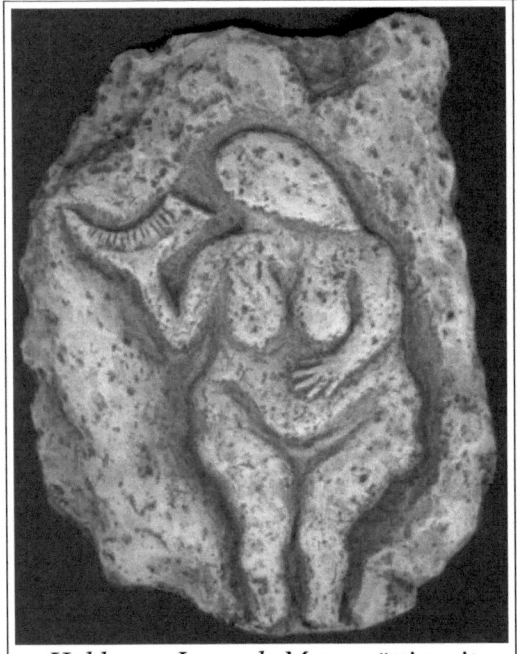

Höhle von Laussel: Muttergöttin mit Trinkhorn
Frankreich, 25.000 v.Chr.

die Baumgöttin Hathor stillt den Pharao Thutmosis III im Jenseits
Ägypten, 1425 v.Chr.

III 1. f) Die älteste Religion: Der Schamanismus

Die früheste Form des „religiösen Spezialisten" ist der Schamane gewesen. Ein Schamane ist ein Mensch, der einen Nahtod erlebt hat und daher weiß, daß es eine Seele gibt, und der anschließend geübt hat, willentlich den eigenen Körper zu verlassen. Dadurch ist dieser Mensch in der Lage, den Kontakt mit der eigenen Seele aufzunehmen und auch den Kontakt mit den Ahnen, also mit den Seelen der Verstorbenen.

Der Rat und die Hilfe von Ahnen ist bis in das frühe Königtum hinein eines der Grundbedürfnisse der Menschen gewesen, weil man in der Altsteinzeit und in der Jungsteinzeit so gut wie alles von den eigenen Eltern gelernt hat und sie auch fast die einzigen gewesen sind, von denen man Hilfe erhalten konnte. Daher besteht die Hauptaufgabe der Schamanen darin, die Lebenden mit den Toten zu verbinden. Folglich ist der Schamanismus stets mit einem „Totenkult" verbunden.

Aus diesen Schamanen sind dann in den späteren Religionsformen, die sich auf eine Vielzahl von Göttern ausgerichtet haben, die Priester und Priesterinnen geworden.

III 1. d)   Frühe religiöse Motive: Das Innere Feuer

Wenn man das bewußte Verlassen des eigenen Körpers mit der eigenen Seele („Astralreise") übt, begegnet man fast immer einem zweiten Erlebnis, das eng mit der Astralreise verbunden ist, weil für das Erlernen beider Erlebnisse bzw. Fähigkeiten fast genau dieselben Meditationen notwendig sind. Dieses zweite Erlebnis ist das „Innere Feuer", das heute meistens nach dem indischen Begriff dafür „Kundalini" genannt wird.

Dieses Feuer ist der zentrale innere Vorgang in dem Astralkörper, in dem man den materiellen Körper bei einem Nahtod-Erlebnis verläßt. Dieser Astralkörper hat zum einen „Organe", die meistens „Chakren" genannt werden, und zum anderen auch einen „Blutkreislauf", der als ein inneres Feuer erlebt wird.

Dieses Feuer fließt wie der Strahl eines Springbrunnens von dem untersten Chakra zwischen Genitalien und Anus im Körper empor bis hinauf zum obersten Chakra am Scheitel, wo es sich zu einer Fontäne weitet und außen rings um den Körper wieder hinabtropft, sich unten neu sammelt und dann wieder aufsteigt.

Diese einem Springbrunnen gleichende Konvektionsströmung wird als Hitze erlebt und in vielen Traditionen als aufsteigende Schlange geschildert.

Eine ausführliche Darstellung dieser Vorgänge findet sich in meinen Büchern „Die Chakren", „Drachenfeuer" und „Meditation".

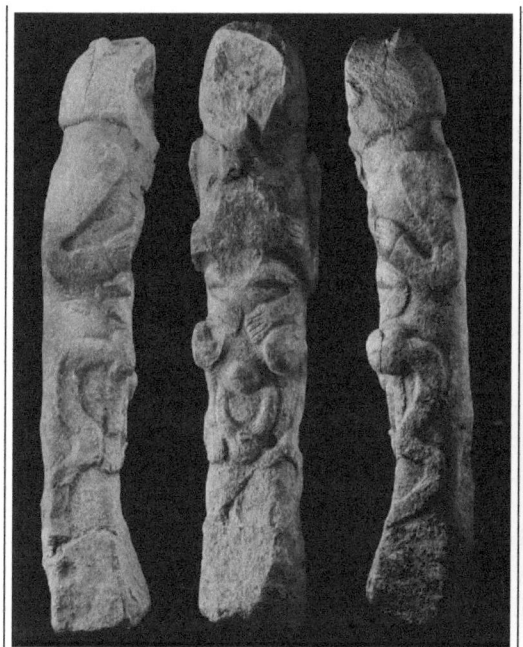

steinerner Totempfahl mit zwei
aufsteigenden Schlangen
Göbekli Tepe, 9500 v.Chr.

am Hinterkopf aufsteigende Kundalini
Nevali Cori, 9500 v.Chr.

Uräus-Schlange an der Stirn des
Pharaos Tutenchamun
1323 v.Chr.

Buddha mit aufgestiegener,
siebenköpfiger Kundalini;
zeitgenössisch

III 2.   Die Wurzeln der Mysterien-Kulte

Aus den dargestellten Vorstellungen haben sich die Mysterien entwickelt, die das Erlebnis der Schamanen der Allgemeinheit zugänglich machen sollten. Man könnte den Leitsatz dieser religiösen Revolution auch als „Jeder ein Schamane!" umschreiben.

III 2. a)   Die Mysterien

Die Muttergöttin wird in den Mysterien zu der Mutter der Menschen, die in einem Ritual symbolisch sterben, dann ihrer eigene Seele begegnen, zu der Muttergöttin reisen und dann von ihr wiedergeboren werden.

Die Wiederzeugung hat dabei eine recht verschiedene Wichtigkeit, die von den erotischen Witzen in den Mysterien von Eleusis bis zum Tantra-Yoga in Indien reichen.

Das Wiederstillen wird durch das Trinken des Ritual-Trunks dargestellt, der oft nach ganz speziellen Rezepten hergestellt wird. Dafür wurden die Ritual-Kessel benötigt.

III 2. b)   Der Torque

Das Symbol der bestandenen Jenseitsreise in einem Mysterien-Ritual war bei den Kelten und bei den Germanen der goldene Halsreif, der oft „Torque" genannt wird. Er stellte ursprünglich die Sonne dar, die auch jeden Morgen wiedergeboren wird.

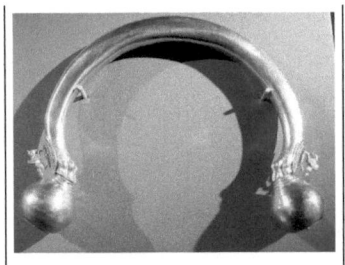
*Torque
Frankreich 550 v.Chr.*

*Torque
Deutschland - 400 v.Chr.*

*Torque
Frankreich - 400 v.Chr.*

IV Die Bilder des Chiemsee-Kessels

Nach dieser allgemeinen Darstellung der Funktion der keltischen Ritual-Kessel können nun die Bilder auf dem Chiemsee-Kessel betrachtet werden.

Leider stehen dafür nur Bilder mit recht verschiedener Qualität zur Verfügung, aber zum Glück lassen sich auf ihnen fast alle Bilder vollständig erkennen.

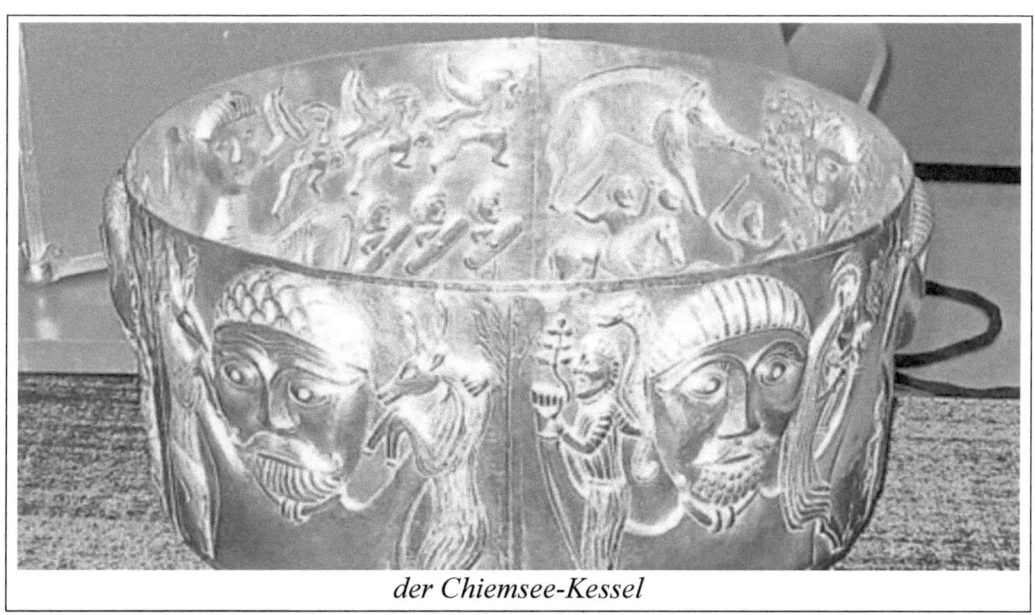

der Chiemsee-Kessel

IV 1.   Die Anordnung der Bilder

Der Chiemsee-Kessel besteht aus 10 Platten, von denen 9 mit Bildern versehen sind:
- 6 Bildplatten, die die Außenseite bilden,
- 3 Bildplatten, die die Innenseite bilden, und
- 1 Platte ohne Bilder, die den Boden bildet.

IV 2.   Der Aufbau der einzelnen Bilder

Alle Bilder haben eine zentrale Gestalt, die sehr wahrscheinlich eine Gottheit ist.

Auf den sechs äußeren Platten tragen sie einen Torque, auf den drei inneren Platten nicht. Das läßt auf zwei verschiedene dargestellte Vorgänge schließen.

Auf dem Gundestrup-Kessel lassen sich die Göttinnen an ihren Brüsten erkennen. Da der Stil des Chiemsee-Kessels dem des Gundestrup-Kessels sehr ähnlich ist, werden die neun dargestellten Gottheiten auf dem Chiemsee-Kessel daher Götter sein.

Die drei inneren Götter sind möglicherweise etwas anderes als Götter, da sie keinen Torque tragen – aber das ist zunächst nicht sicher.

Die sechs äußeren Platten werden durch jeweils einen Baum voneinander getrennt.

Dieser Baum findet sich auch auf einer der Innenplatten. Er entspricht möglicherweise dem Baum auf einer der Innenplatten des Gundestrup-Kessels und den Efeu-Ranken auf drei seiner Außenplatten. Sie stellen dort die Verbindung zu den Gottheiten dar.

IV 3.   Die sechs Außenbilder

Die sechs Außenbilder sind wie beim Gundestrup-Kessel Darstellungen einzelner Gottheiten.

Auf fünf der sechs Außenbilder des Chiemsee-Kessels wird den Göttern geopfert:

- zwei Eber,
- zwei Pferde,
- ein Opfertier,
- zwei Hirsche und
- ein Ziegenbock.

Das sechste Bild zeigt vermutlich die Bitte an die Gottheit, die mit diesem Opfer verbunden gewesen ist: Der Gott tötet einen Löwen und daneben hält ein Mann das abgeschlagene Haupt eines Feindes.

Alle sechs Götter-Bilder stellen möglicherweise den Göttervater Dagda dar.

Die Außenbilder des Kessels könnten wie beim Gundestrup-Kessel die „Quelle" für das darstellen, was im Inneren des Kessels durch das „Brauen" und das „Kessel-Ritual" entstehen sollte.

Wie beim Gundestrup-Kessel ist sehr viel Sorgfalt auf die Gestaltung der vielfältig „frisierten" Haare der Gottheiten verwendet worden.

IV 3. a) Der Pferde-Gott

Gott mit Torque und zwei Hengsten

Der Mann auf diesem Bild trägt einen Torque, was bedeutet, daß er entweder ein Gott ist oder ein Mann, der an den Mysterien teilgenommen hat.

Sein Bart und seine Haare sind sorgfältig dargestellt worden.

Die beiden Pferde (Hengste) gehören offenbar dem Mann und könnten Opfergaben an ihn sein.

Die Hersteller und Benutzer dieses Kessels wollen vermutlich etwas von diesem

Gott und opfern ihm deshalb die beiden Pferde.

Es wäre auch denkbar, daß der Mann durch die beiden Pferde definiert werden sollte. Dann müßte er Dagda sein, da der Sonnengott-Göttervater bei den Indogermanen in einem von zwei Schimmeln gezogenen Streitwagen über den Himmel gefahren ist. Die beiden Schimmel sind seine Söhne (Griechen: Dioskuren; Germanen: Alcis; Inder: Ashvins usw.).

IV 3. b) Der Rad-Gott

Gott mit Torque mit Mann und Rad

Dieses Bild folgt im Uhrzeigersinn auf das Bild mit dem Pferde-Gott, d.h. der Betrachter des Kessels sieht den Rad-Gott rechts von dem Pferde-Gott.

Von diesem Gott ist nur zu erkennen, daß er in seiner linken Hand ein sechsspeichiges Rad hält, das bei den Indogermanen das Symbol der 'Richtigkeit' gewesen ist. Der Gott könnte daher wieder Dagda sein, zu dem dieses Rad in der keltischen Mythologie gehört hat.

Möglicherweise befindet sich unter der linken Hand des Gottes, in der er das Rad hält, ein Opfertier. Leider ist auf keinem verfügbaren Bild zu erkennen, was sich dort befindet.

Rechts von dem Gott steht ein Mann, der zu dem Gott hinblickt. Der Gott legt ihm seine rechte Hand auf die rechte Schulter und umarmt ihn dadurch.

Sowohl der Bart als auch die Haartracht des Rad-Gottes unterscheiden sich von dem Pferde-Gott.

Durch die unterschiedliche Darstellung in Bezug auf den Stil und die Größe wird man davon ausgehen können, daß der „Mann mit dem Rad" ein Gott ist.

Die Hand des Rad-Gottes auf der Schulter des Mannes wird daher eine Schutzgeste sein.

Das Rad ist das Symbol des Göttervaters Dagda und manchmal auch das des Donnergottes Taranis.

Das Rad symbolisiert die Richtigkeit, die in allen mythologisch-magischen Weltbildern die zentrale Qualität ist – keltisch: „Fhirinne"; indisch: „Rita", „Dharma"; lateinisch: „Ritual"; ägyptisch: „Ma'at"; sumerisch: „Me"; tibetisch: „Tashi"; Navaho: „Ho'zhong".

Dieses Rad ist ursprünglich achtspeichig gewesen, aber es wird bei den Kelten manchmal auch sechsspeichig dargestellt. Auch der Kessel selber ist solch ein Rad, da er sechs Außenplatten hat – der Kessel enthält folglich die „Richtigkeit". Der Kessel von Gundestrup folgt noch der älteren Tradition und hat acht Außenplatten. Diese Außenplatten entsprechen den acht bzw. sechs Speichen des Rades des Richtigkeit.

Im Zentrum des Rades, also im Inneren des Kessels, befindet sich das, was diese Qualität der Richtigkeit erlangt.

In Buddhas achtfacher Lehre ist die Felge des Rades das Leben, die acht Speichen des Rades sind der achtfache Pfad zur Erleuchtung, und die Nabe des Rades ist die Erleuchtung selber.

Die sechs bzw. acht Außenbilder auf den Kesseln könnten daher die Ursache für die Segnung des Kesselinhaltes sein – sozusagen der Weg und die Kraft, die den, der den Kessel benutzt, d.h. aus ihm trinkt, zu der Mitte, also zu der Richtigkeit führt.

Der Mann, dem Dagda seine Hand auf die Schulter legt, ist vermutlich der Bittsteller und Hersteller des Kessels, der von Dagda die Qualität der „Richtigkeit" erhält, wie dies auch auf dem Gundestrup-Kessel abgebildet worden ist.

IV 3. c) Der Hirsch-Gott

der Hirsch-Gott

Auch der Hirsch-Gott trägt einen Torque und seine Haar- und Barttracht unterscheidet sich von denen des Pferde-Gottes und des Rad-Gottes.

Er hält in fast derselben Weise die beiden Hirsche wie der Pferde-Gott die beiden Rosse. Er wird daher mit dem Pferde-Gott Dagda identisch sein – zumal bei den Kelten und den Germanen die Pferde und die Hirsche eine fast identische Symbolik gehabt haben.

IV 3. d)   Der Ziegenbock-Gott

der Ziegenbock-Gott

der Ziegenbock-Gott

Auch dieser Gott trägt einen Torque und auch seine Haar- und Bartracht unterscheidet sich von der der vorigen Götter.

Der Gott hält in seiner linken Hand eine Ziege – vermutlich einen Ziegenbock, auch wenn sich dies nicht sicher erkennen läßt.

Auf der rechten Seite des Gottes (vom Betrachter aus gesehen links) steht wie bei dem Rad-Gott ein Mann. Dieser Mann schaut hier jedoch von dem Gott fort.

Dieser Mann hat seine linke Hand auf die rechte Hand des Gottes gelegt, die sich vor ihm befindet.

In dieser Hand hält der Gott einen Zweig, den der Mann anblickt. Dieser Zweig symbolisiert offenbar das, was der Mann von dem Gott erhofft.

Es wäre denkbar, daß dieser Zweig dieselbe Symbolik wie das Efeu in den Mittelmeer-Mysterien und die Mistel bei den Kelten hatte: das Symbol für die Wiedergeburt. Doch diese Deutung ist zunächst einmal nur eine Arbeitshypothese.

Der rechts Arm des Mannes ist nicht genau zu erkennen – greift er mit seinem rechten Arm hinter sich?

Hinter dem Mann steigt eine Schlange empor, die man recht sicher als Kundalini deuten können wird. Sie spielt auch in dem keltisch-irischen National-Epos „Der Rinderraub von Cuailgne" eine Rolle und sie wird auch auf den beiden germanischen Goldhörnern von Gallehus dargestellt.

Der Gott scheint dem Mann also mithilfe des Zweiges zu helfen, in sich seine Kundalini zu erwecken. Das spricht für die Deutung des Zweiges als Wiedergeburts-Symbol, da die Kundalini eng mit der Astralreise verbunden ist.

IV 3. e)   Der Harfen-Gott

der Harfen-Gott

Sowohl die Harfe als auch die Keule sind das Symbol des keltischen Göttervaters. Der Gott wird daher Dagda sein.

Er trägt einen Torque und ist bartlos. Er wird also der junge, wiedergeborene Göttervater sein. Wie der germanische Sonnengott-Göttervater verliert er am Abend im Kampf eine Hand und reist als nächtliche Sonne in die Unterwelt, wo er „Nuada", d.h. „Wasser-Göttervater" genannt wird. Nach seiner Wiedergeburt heißt er dann wieder „Dagda", d.h. „Sonnen-Göttervater".

„Nua" bedeutet „Wasser, Wasserunterwelt"; „Dag" bedeutet „Tag, Licht, Sonne"; und „Da" entspricht dem lateinischen „Deus", dem germanischen „Tyr", dem griechischen „Zeus", dem hethitischen „Shiun", dem indischen „Deva" usw. und geht auf den indogermanische Namen „Dhyaus" des Sonnengott-Göttervaters zurück, der „Aufsteigender, Leuchtender" bedeutet und ursprünglich einmal die Sonne bezeichnet hat.

Die Keule des Dagda ist wie der Hammer des keltischen Taranis und des germanischen Thor ein Symbol für den Donner. Der Donnergott hat sich bei den Germanen aus einem Aspekt des Göttervaters heraus entwickelt, weshalb sich Donner (Keule) und Blitz bisweilen noch bei dem Göttervater finden.

Neben Dagda stehen zwei Männer in der typischen keltischen Kleidung, die hier gut zu erkennen ist. Sie halten beide ein (Wild-)Schwein in ihrer Hand, das sie vermutlich dem Dagda opfern. Das Schweine-Opfer an Dagda ist gut bekannt.

Die Haltung der beiden Männer könnte eine Opfergeste sein.

Bisher sind auf den Außenplatten 7 Opfertiere dargestellt worden: 2 Pferde, 2 Hirsche, 1 Ziegenbock und 2 Schweine.

Vermutlich sind diese Herdentiere alle männlich gewesen, da sie Opfer für Dagda gewesen sind.

IV 3. f) Der Schwert-Gott

der Schwert-Gott

*der Schwert-Gott
Detail links*

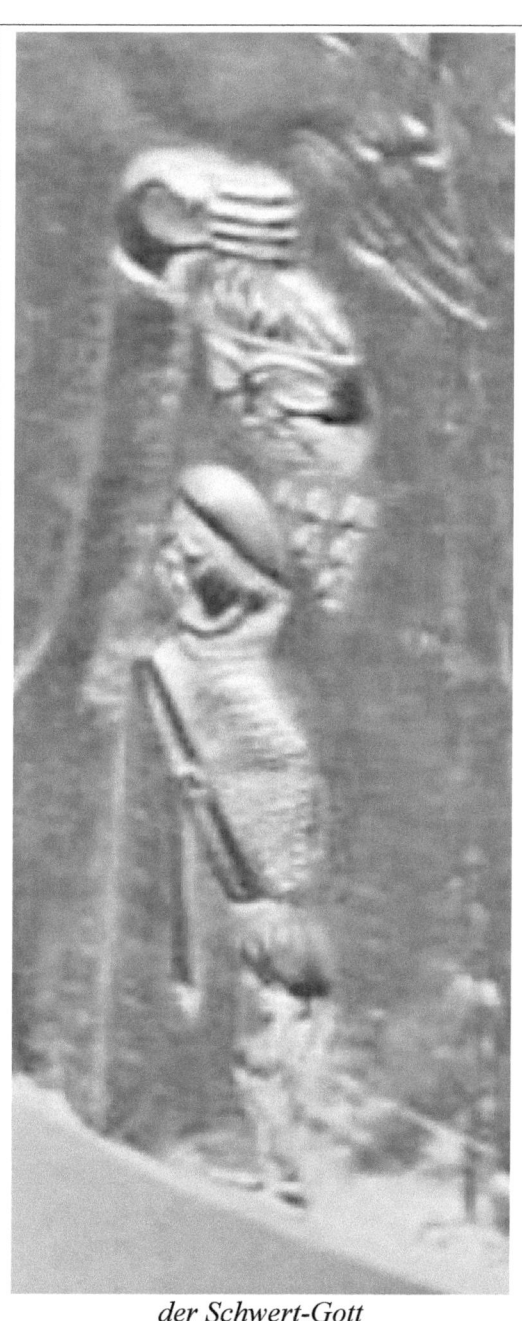

*der Schwert-Gott
Detail rechts*

Auch der Schwert-Gott trägt einen Torque. Auch seine Frisur ist anders als die der anderen Götter gestaltet worden. Sein Bart hat jedoch Ähnlichkeit mit dem Bart des Hirsch-Gottes.

Der Gott hält in seiner rechten Hand ein Schwert, mit dem er einen Löwen zu erstechen scheint. Die ungewöhnliche Art, das Schwert zu halten, liegt vermutlich an dem knappen Raum, der dem Goldschmied für die Darstellung dieser Szene zur Verfügung stand. Der Löwe könnte ein starker Feind des Kessel-Besitzers sein, der von Dagda getötet werden soll – vermutlich ein anderer Keltenfürst oder die Römer.

Löwen sind den Kelten durchaus bekannt gewesen und wurden von ihnen auf den Abbildungen auf ihren Kesseln des öfteren verwendet.

Wenn diese Deutung des Löwen zutreffen sollte, dann wäre dies ein Hinweis darauf, daß der Chiemsee-Kessel kein normaler Ritual-Kessel gewesen ist, da sich auf diesen keine Bitten um einen Sieg befunden haben, sondern nur Szenen aus der Jenseitsreise.

In seiner linken Hand hält der Gott ein blutendes Haupt – vermutlich der Kopf des von dem Gott getöteten Feindes.

Der Mann unter diesem abgeschlagenen Haupt trägt in seiner linken Hand einen Schild, an seinem Gürtel ein Schwert und in seiner rechten Hand einen Speer. Die beiden Angriffswaffen sind jedoch nur sehr undeutlich zu erkennen. Dieser Mann wird der siegreiche Fürst sein, der diesen Kessel hat anfertigen lassen.

IV 3. g) Zusammenfassung der Außenbilder

Da keines der Außenbilder als der Anfangs- oder Endpunkt einer Geschichte erkennbar sind, sondern alle sechs Bilder wie die Speichen eines Rades gleichberechtigt zu sein scheinen, lassen sich die sechs Außenbilder des Kessels als Mandala darstellen.

Dabei zeigen sich einige Regelmäßigkeiten, die die Vermutung, daß es sich bei den sechs Außenplatten um ein Mandala handelt, bestätigen:

das durch die sechs Außenplatten gebildete Mandala		
Gott	*Fürst*	*Opfertiere*
Dagda als Pferde-Gott		zwei Pferde
Dagda als Rad-Gott	Dagda segnet den Fürsten	
Dagda als Hirsch-Gott		zwei Hirsche
Dagda als Ziegen-Gott	Dagda weckt die Kundalini des Fürsten	ein Ziegenbock
Dagda als Eber-Gott		zwei Schweine
Dagda als Schwert-Gott	Dagda tötet die Feinde des Fürsten	

Der Ziegenbock fällt eindeutig aus der Symmetrie des Mandalas heraus. Es wäre daher gut denkbar, daß der Ziegenbock das Opfertier für die Jenseitsreise des Fürsten gewesen ist, das von Dagda angenommen worden ist. Das Mandalas müßte also wie folgt aussehen:

das durch die sechs Außenplatten gebildete Mandala		
Gott	*Fürst*	*Opfertiere*
Dagda als Pferde-Gott		zwei Pferde
Dagda als Rad-Gott	Dagda segnet den Fürsten	
Dagda als Hirsch-Gott		zwei Hirsche
Dagda als Ziegen-Gott	Dagda weckt die Kundalini des Fürsten	
Dagda als Eber-Gott		zwei Schweine
Dagda als Schwert-Gott	Dagda tötet die Feinde des Fürsten	

das Mandala der sechs Außenbilder

IV 4. Die Bäume zwischen den Außenbildern

An den Nähten zwischen den sechs Außenplatten ist jedesmal ein Baum dargestellt worden.

Sie stellen zunächst einmal eine elegante Unterteilung und einen „Rahmen" für die sechs Darstellungen des Dagda dar, aber es wäre auch denkbar, daß sie der Weltenbaum und somit die Verbindung zwischen Menschen und Göttern repräsentieren. Dann wäre auch der Zweig in der Hand des Ziegen-Gottes ein Ast von diesem Weltenbaum.

Für diese Deutung spricht, daß der Haselnußbaum dem Dagda heilig war und daß in der keltischen (und auch der germanischen) Mythologie die Nüsse und die Äpfel zum Teil die Symbolik des Göttertrankes übernommen haben.

Man kann daher zumindestens vermuten, daß es sich bei diesen sechs Bäumen und Haselsträucher handelt. Die Bäume sind jedoch zu stark stilisiert worden, um erkennen zu können, ob es sich tatsächlich um Haselsträucher handelt oder nicht.

Diese Baum-Symbolik ist auch auf dem Kessel von Gundestrup zu finden.

Die sechs Bäume zwischen den Außenplatten sehen (im Uhrzeigersinn angeordnet) wie folgt aus:

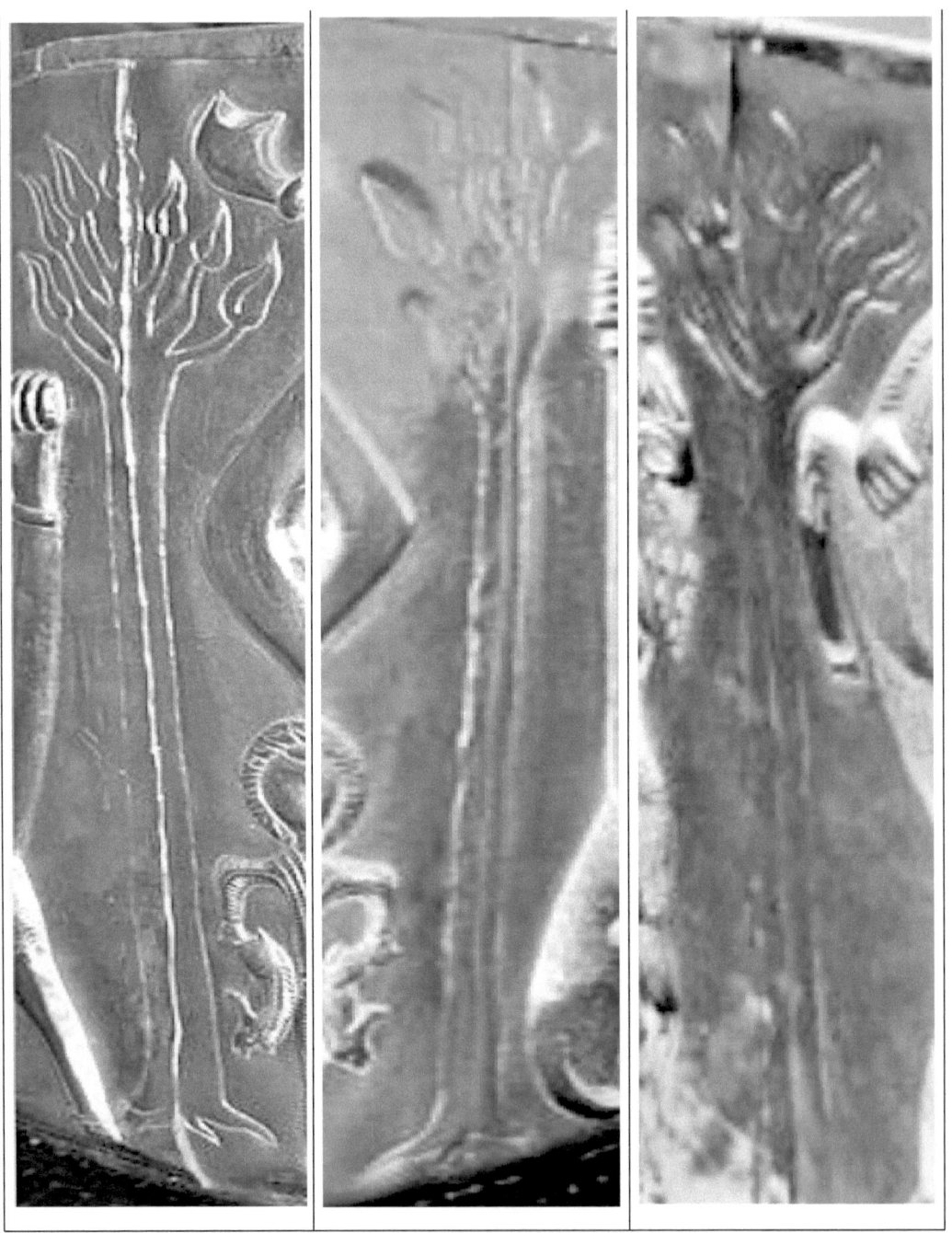

Das Mandala der sechs Außenplatten läßt sich somit um die sechs Bäume ergänzen:

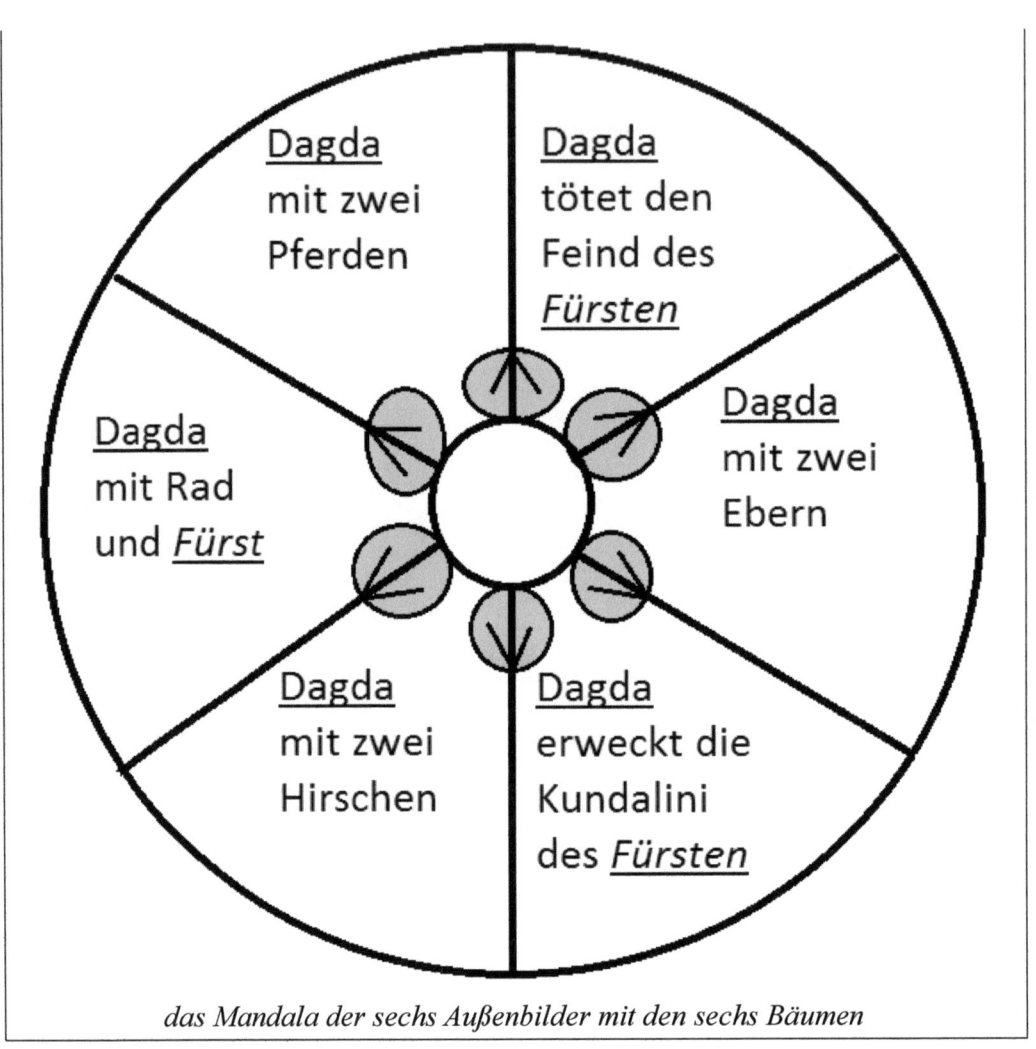

das Mandala der sechs Außenbilder mit den sechs Bäumen

IV 5. Die drei Innenbilder

Die Innenbilder sind wie beim Gundestrup-Kessel deutlich komplexer als die Außenbilder. Sie stellen vermutlich wie beim Gundestrup-Kessel vor allem die im Zusammenhang mit dem Kessel-Ritual angestrebten Vorgänge dar.

IV 5. a) Der Hirsch-Gott

der Hirsch-Gott

der Hirsch-Gott

der Hirsch-Gott

Der große Mann im Zentrum des Bildes wird wieder ein Gott sein. Er scheint jedoch keinen Torque zu tragen – das ist allerdings nicht ganz sicher erkennbar. Da er keinen Bart trägt, könnte er ein „junger Gott", d.h. der wiedergeborene Dagda sein.

Er hält in seiner rechten Hand den Schädel eines Stieres und in seiner linken Hand die Zügel eines Hirsches. Links von ihm sind zudem ein Pferd (oder eine Hindin), ein Stier (kräftiger Körperbau) und ein Greif zu sehen. Während Pferd und Stier wieder Opfertiere sein könnten, ist der Greif ein Symbol der Stärke (Löwe) des Jenseitsreisenden (Flügel = Seelenvogel). Über dem Hirsch befindet sich noch ein recht klein dargestelltes Pferd. Es ist leider auf keinem Bild zu sehen, ob sich noch etwas unter dem Hirsch befindet.

Unten in der Mitte sind vier Männer dargestellt worden. Sie sind vermutlich die Opfergemeinschaft, d.h. der Priester (die hintere große Gestalt), der König (die große vordere Gestalt) und sein Heer. Ihre auffälligen Gesten könnten eine Anrufung sein. Sie haben dieselbe Haltung eingenommen wie die beiden Männer, die auf einer der Außenplatten Dagda zwei Schweine als Opfer bringen.

Mit dem Stier sind nun alle damals üblichen Opfertiere beisammen: Stier, Hirsch, Pferd, Eber und Ziegenbock.

Der Greif in der Mitte links ist möglicherweise ein Symbol für die Kraft, die diese Männer von Dagda erbeten. Falls dies zutreffen sollte, wäre dies wieder ein Kessel-untypisches Motiv.

IV 5. b)   Der Baum-Gott

der Baum-Gott (linke Bildhälfte)

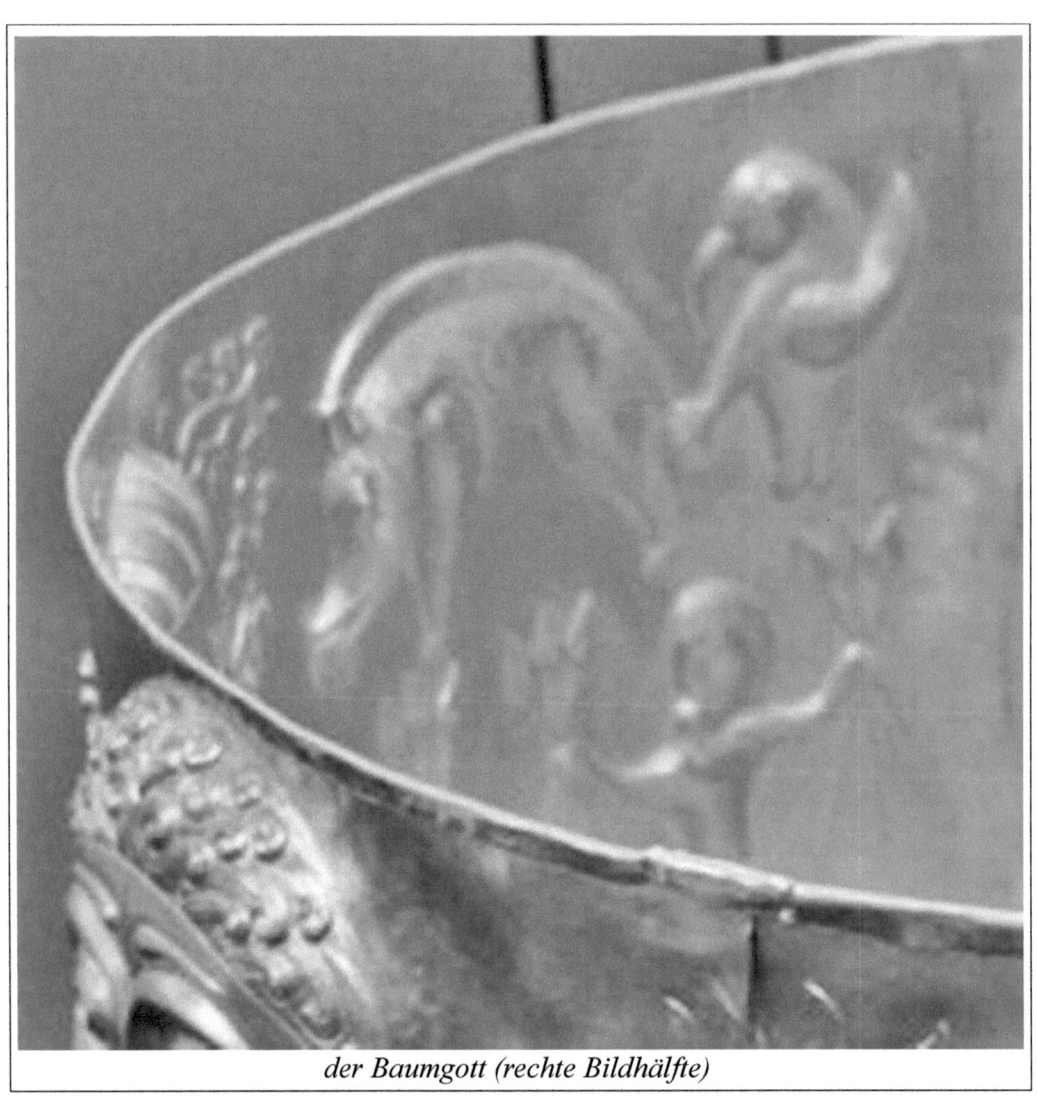

der Baumgott (rechte Bildhälfte)

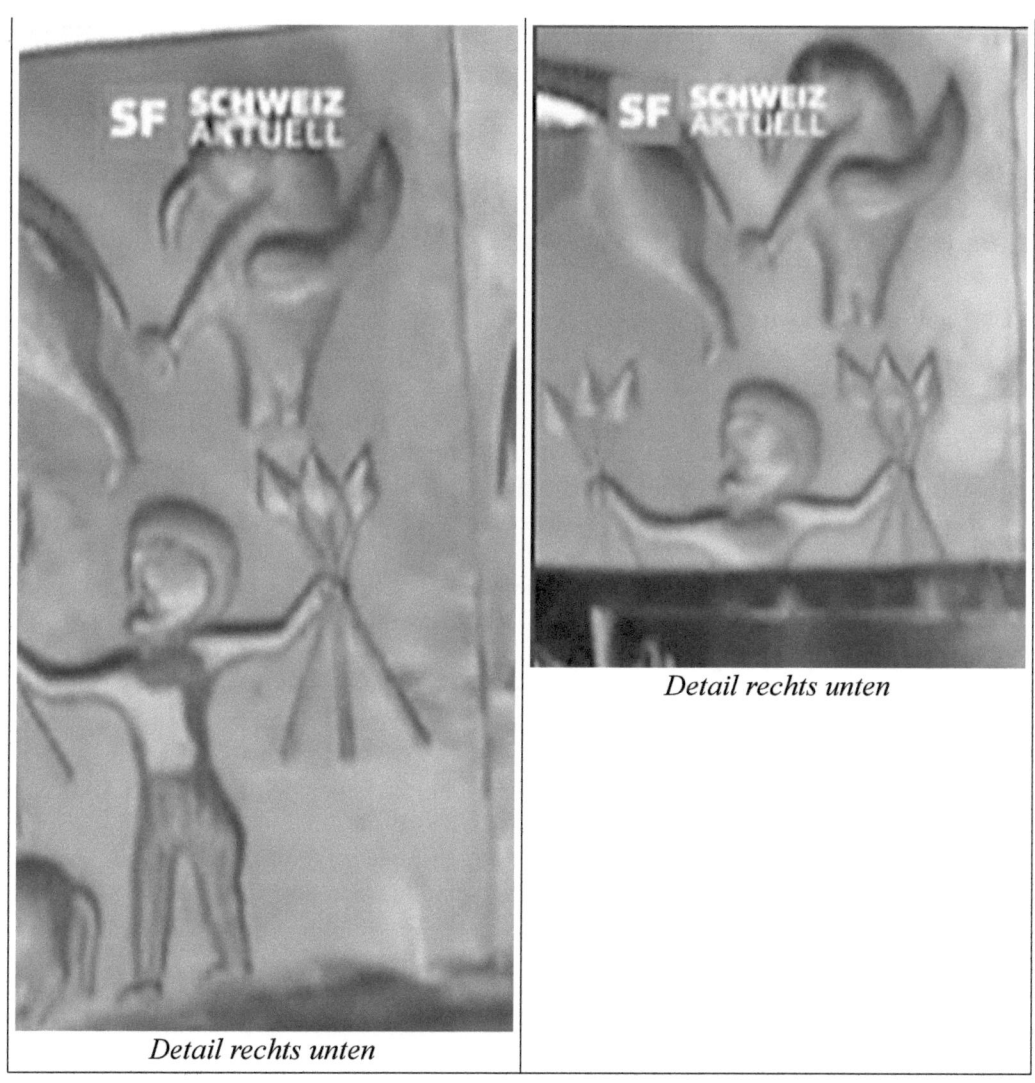

Detail rechts unten

Auf dem Bild befinden sich die auf der Graphik auf der nächsten Seite dargestellten Figuren – soweit diese erkennbar sind.

Übersicht über die Figuren auf dem Bild mit dem Baum-Gott			
Eber		Baum-Gott	Eber	Adler
Reiter mit Schwert und abgeschlagenem Kopf	Reiter mit Schwert und abgeschlagenem Kopf		Mann mit je drei Speeren in beiden Händen	Mann mit je drei Speeren in beiden Händen

Der Gott in dem Baum trägt, soweit dies zu sehen ist, wieder keinen Torque. Da er bartlos ist, scheint er ein „junger Gott" zu sein.

Der Baum wird der Ursprung des Zweiges über dem Kelch des Mannes auf dem Außenbild mit dem Ziegen-Gott sein. Dieser Baum wird auch das Urbild der sechs Bäume auf den Nähten zwischen den sechs Außenplatten sein.

Rechts unten sind zwei Männer mit je drei Speeren in jeder Hand zu sehen. Entweder symbolisieren sie das Heer vor dem Kampf oder (was wahrscheinlicher ist), das Heer mit den erbeuteten Waffen.

Die Dreizahl der Waffen könnte ein allgemeiner Plural sein: die vielen Waffen eines Heeres. Vielleicht hat man von Dagda einen „Waffensegen" erbeten.

Links unten sind zwei Reiter mit je einem Schwert und einem abgeschlagenen Haupt zu sehen – vermutlich das siegreiche Heer. Dies wirkt so, als ob ein Krieger, d.h. wohl ein König, Dagda um Hilfe für einen Krieg gebeten hätte, bei dem er seine Feinde enthaupten wollte.

Links oben ist ein Keiler zu sehen – wahrscheinlich das Symbol der Stärke der siegreichen Krieger.

Ein zweiter solcher Keiler ist rechts oben abgebildet. Ein Adler hält ihn an seinem Schwanz fest. Möglicherweise ist dieser Adler Dagdas Seelenvogel, da der Adler bei den Indogermanen allgemein der Seelenvogel des Sonnengott-Göttervaters ist (Adler des Tyr, Odin, Jupiter, Zeus, Vishnu, Shiun usw.).

Der Eber war bei den Kelten und bei den Germanen ein Symbol des starken Kriegers und des Anführers der Krieger – der hier offenbar unter dem Schutz des Dagda steht.

IV 5. c) Der Löwen-Gott

Diese Innenplatte ist auf den zur Verfügung stehenden Bildern am unvollständigsten erkennbar.

der obere Rand des Bildes

In der Mitte befindet sich der Kopf eines Gottes. Links neben ihm sind zwei große, vermutlich stehende Vögel zu sehen und rechts von ihm drei kleinere, fliegende Vögel, die etwas tragen.

der obere Rand des Bildes

Auf diesem Bild ist zu erkennen, daß der Götterkopf auch einen Leib hat, daß die Vögel links auf etwas zu sitzen scheinen und daß die Vögel rechts Menschen mit Vogelköpfen, d.h. Tote tragen (Seelenvogel-Mensch-Mischwesen).

der rechte Teil des Bildes

Hier ist der Löwenleib des Gottes sowie drei Krieger mit dem typischen Kelten-Schild zu sehen.

Das Bild enthält die in der folgenden Graphik aufgeführten Elemente – soweit sie auf den Bildern zu sehen sind.

Übersicht über die Figuren auf dem Bild mit dem Löwen-Gott					
sitzender Vogel	sitzender Vogel	Löwen-Gott	Adler trägt Leiche	Adler trägt Leiche	Adler trägt Leiche
???			Kelte mit Schild	Kelte mit Schild	Kelte mit Schild

Der Löwe mit Menschenkopf könnte eine Gottheit sein, aber auch der König, der Dagda um Kriegs-Hilfe bittet.

Als Löwen-Gott wäre er kein besonders keltisches Motiv, aber derartige Motive sind auch von anderen Kesseln bekannt – Religion war auch schon damals international und das Fremde war schon immer besonders beeindruckend …

Da der Löwe auf dem Außen-Bild mit dem Schwert-Gott der feindliche Fürst ist, ist es recht wahrscheinlich, daß der Sphinx-artige Löwen-Mann der siegreiche König ist, der diesen Kessel hat herstellen lassen.

Rechts oben fliegen drei Adler mit drei Toten. Die „3" ist hier wohl der allgemeine Plural, d.h. daß man hier vermutlich die im Kampf gefallenen Krieger sieht, die von Dagdas Adler ins Jenseits geholt werden. Das würde bedeuten, daß dieser Kessel nach dem Kampf angefertigt worden ist und vermutlich von dem siegreichen Fürsten dem Dagda vor dem Kampf für den Fall, daß er siegt, versprochen worden ist, denn es ist nicht anzunehmen, daß bei einer Bitte um einen Sieg schon die gefallenen Krieger der eigenen Seite dargestellt worden sind – das würde allen magischen Prinzipien und jeglichem positiven Denken widersprechen.

Dieser Anlaß für die Herstellung dieses Kessels würde auch das untypische Material für diesen Kessel erklären – ein goldener Kessel ist einfach noch wertvoller und daher als Dank noch geeigneter als ein Kupferkessel …

Dasselbe Motiv „Adler über Mann" wie auf dem Chiemsee-Kessel findet sich auch auf den germanischen Goldhörnern von Gallehus, die in ihrer Bildersymbolik dem Gundestrup-Kessel recht ähnlich sind.

Unter den drei Adler mit den drei Toten stehen drei Krieger – offenbar das siegreiche Heer.

Links blicken zwei Adler zu der zentralen Gestalt – evtl. der zweifach dargestellte Seelenvogel des Dagda (siehe den Adler des Odin/Thiazi bei den Germanen, den Garuda des Vishnu bei den Indern oder den Adler des Zeus bei den Griechen).

Leider ist nicht zu sehen, was sich unter diesen beiden Adlern befindet.

IV 5. d)   Zusammenfassung der Innenbilder

Die sechs Außenplatten könnten alle den Gott Dagda darstellen. In drei Fällen wird ihm geopfert; in einem Fall tötet er einen Löwen, während ein Mann neben ihm ein abgeschlagenes Haupt hält. Anscheinend hat ein Kelten-König Dagda um den Sieg gegen einen Feind gebeten.

Auf den drei Innenplatten werden auf dreierlei Weise Opferungen an Dagda sowie der angestrebte Sieg dargestellt.

Der Kessel ist den Bildern auf ihm zufolge also kein klassischer Ritual-Kessel, der für Jenseitsreise- und Krönungsrituale verwendet wurde und auf dem sich daher auch Abbildungen der Wiedergeburtsgöttin befinden, sondern ein dem Dagda versprochener Kessel, den man hergestellt hat, um anschließend durch seine Opferung Dagda für den von ihm herbeigeführten Sieg über die Feinde zu danken.

Es handelt sich somit um einen untypischen Kessel, auf dem statt der üblichen Jenseitsreisesymbolik eine ganz spezifische Bitte um Kriegsglück an Dagda abgebildet worden ist. Dieser Verwendungszweck des Kessels könnte auch seine Versenkung im Chiemsee erklären: Nach der Bitte an Dagda, dem Sieg und der Herstellung des Kessels wurde der Kessel als „magisches Paket" zu Dagda gesandt, d.h. im Chiemsee versenkt.

IV 6. Bodenbild

Es hätte sich angeboten, auch innen auf dem Boden des Kessels ein Bild anzubringen, das dann die Mitte des Mandalas gewesen wäre. In dieser Weise ist auf dem Innenboden des Kessels von Gundestrup das Stieropfer und der symbolische Tod des Jenseitsreisenden dargestellt worden.

Der Auftraggeber sowie der Goldschmied des Chiemsee-Kessels haben jedoch auf diese „Zentral-Symbolik" verzichtet.

IV 7. Die Bildergeschichte des Chiemsee-Kessels

Der Verlauf der Bildergeschichte auf diesem Kessel hängt davon ab, ob man davon ausgeht, daß der Kessel als nachträglicher Dank an Dagda hergestellt worden ist oder schon vorher für ein Bitt-Ritual. Da das Versprechen einer Opfergabe im Falle eines Sieges weitaus häufiger vorkommt und zudem auf einer der Innenplatten die Reise der gefallenen Krieger in das Jenseits dargestellt wird (was man vor dem Kampf sicherlich nicht als Motiv gewählt hätte), wird der Kessel ein Dank-Opfer für einen Sieg sein.

Die Kessel-Geschichte könnte den Bildern auf ihm zufolge also wie folgt ausgesehen haben:

Ein keltischer Fürst, der wahrscheinlich in der Nähe des Chiemsees lebt, will oder muß einen Krieg führen – vermutlich gegen einen anderen Kelten-Fürsten oder gegen die Römer, da es damals für die Kelten sonst kaum relevante Gegner gegeben hat.

Um sich den Sieg zu sichern, verspricht der Fürst dem Göttervater Dagda einen kostbaren Kessel, den er ihm im Falle seines Sieges opfern wird.

Der Fürst gewinnt die Schlacht und läßt den Kessel aus Gold statt aus der sonst üblichen Bronze herstellen, da der Kessel nicht zum Gebrauch, sondern nur als Opfer gedacht ist.

Nach der Fertigstellung wird der Kessel im Chiemsee versenkt, d.h. zu Dagda in die Wasserunterwelt gesandt – wobei Dagda dort „Nuada" heißt.

V Vergleich des Chiemsee-Kessels mit dem Gundestrup-Kessel

Es lassen sich nun evtl. noch weitere Informationen durch den Vergleich des Chiemsee-Kessels mit dem ihm recht ähnlichen Gundestrup-Kessel erlangen.

Chiemsee-Kessel   *Gundestrup-Kessel*

V 1. Vergleich der Motive

V 1. a) Hirsch-Gott

Chiemsee-Kessel

Gundestrup-Kessel

Auf dem Chiemsee-Kessel hält der Gott die beiden Hirsche am Nacken und auf dem Gundestrup-Kessel an den Hinterbeinen.

Dies ist ein Unterschied, den man dann, wenn der Chiemsee-Kessel in der Neuzeit dem Gundestrup-Kessel nachgeahmt worden ist, eigentlich nicht erwarten sollte.

V 1. b)   Eber-Gott

Chiemsee-Kessel

Gundestrup-Kessel

Hier ist dieselbe Art von Unterschied zu finden wie bei den Bildern mit dem Hirschgott. Links stehen die Männer neben dem Gott; rechts hält der Gott die beiden Männer. Die Armhaltung der beiden Männer ist jedoch dieselbe. Das wirkt eher so, als ob zwei unterschiedliche Goldschmiede, die das Ritual und die Symbolik kannten, sie in Bilder übertragen hätten – und nicht so, als ob ein Neuzeit-Goldschmied bei der Herstellung des Chiemsee-Kessels versucht hätte, den Gundestrup-Kessel nachzuahmen.

Auf dem Chiemsee-Kessel hält Dagda seine Keule und seine Harfe in der Hand, während der Gott auf dem Gundestrup-Kessel von einem Wolf und einem Flügelpferd begleitet wird.

V 1. c) Pferde-Gott

Chiemsee-Kessel

Gundestrup-Kessel

Auf dem Gundestrup-Kessel sind an die Stelle der beiden Pferde auf dem Chiemsee-Kessel zwei Fisch-Pferde („Hippokampos"), also Pferde in der Wasserunterwelt zu sehen, was ein Hinweis auf die Wasserunterwelt sein wird.

Unter dem Gott ist zudem ein Doppelwolf abgebildet, der zwei Menschen tötet.

Abgesehen von diesen kleinen Unterschieden bzw. ausführlicheren Darstellungen scheint es sich um denselben Gott zu handeln.

V 1. d)   Rad-Gott / Radgöttin

Chiemsee-Kessel: Rad-Gott

Gundestrup-Kessel: Rad-Göttin

Gundestrup-Kessel: Rad-Gott

Es läßt sich erkennen, daß das Rad ein Symbol der Götter und insbesondere des Dagda ist, aber hier sind die Szenen so verschieden, daß man bei dem Chiemsee-Bild nicht von einer Kopie der Gundestrup-Bilder sprechen kann.

Stattdessen findet sich wieder eine übereinstimmende Symbolik, die jedoch durch unterschiedliche Szenen ausgedrückt wird – was für einen „Insider", also einen Kelten als Goldschmied des Chiemsee-Kessels spricht.

VI 1. e) Schlange

Chiemsee-Kessel

Gundestrup-Kessel

Auch hier liegt wieder derselbe Befund vor: Die Symbolik ist eindeutig wiederzuerkennen, aber die Bilder sind bis in solche Details wie die Form der Kundalini-Schlange und ihre Lage in Bezug auf den Mann, zu dem sie gehört, verschieden.

Alle Abweichungen des Chiemsee-Kessels von dem Gundestrup-Kessel sind jedoch in sich schlüssig – was sich eben am ehesten durch die Sachkenntnis eines „Insiders" erklären ließe.

Die Theorie, daß der Chiemsee-Kessel ein Plagiat des Gundestrup-Kessels ist, kann man daher mit ziemlich großer Sicherheit ausschließen.

V 1. f) Stier

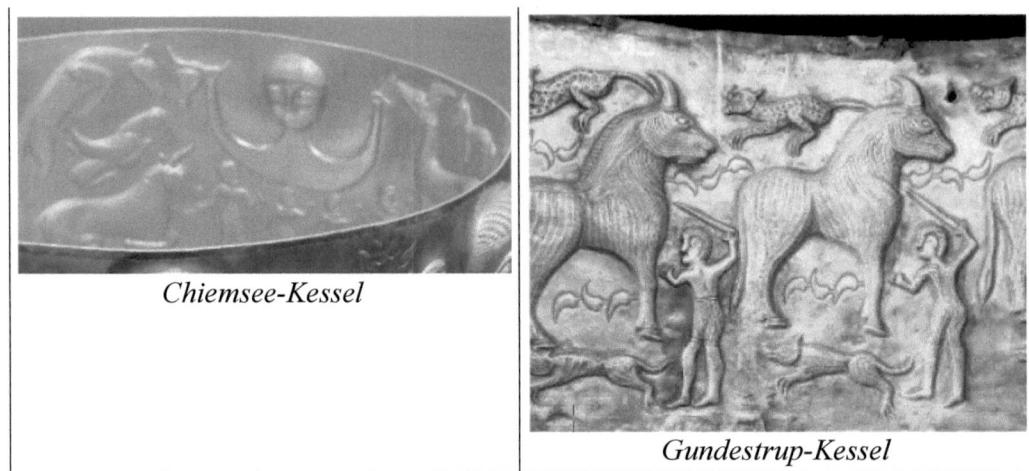

Chiemsee-Kessel   *Gundestrup-Kessel*

Auch bei dem Stier-Opfer findet sich wieder dieselbe Szene und Symbolik mit anderen Bildern dargestellt.

V 1. g)   exotische Tiere

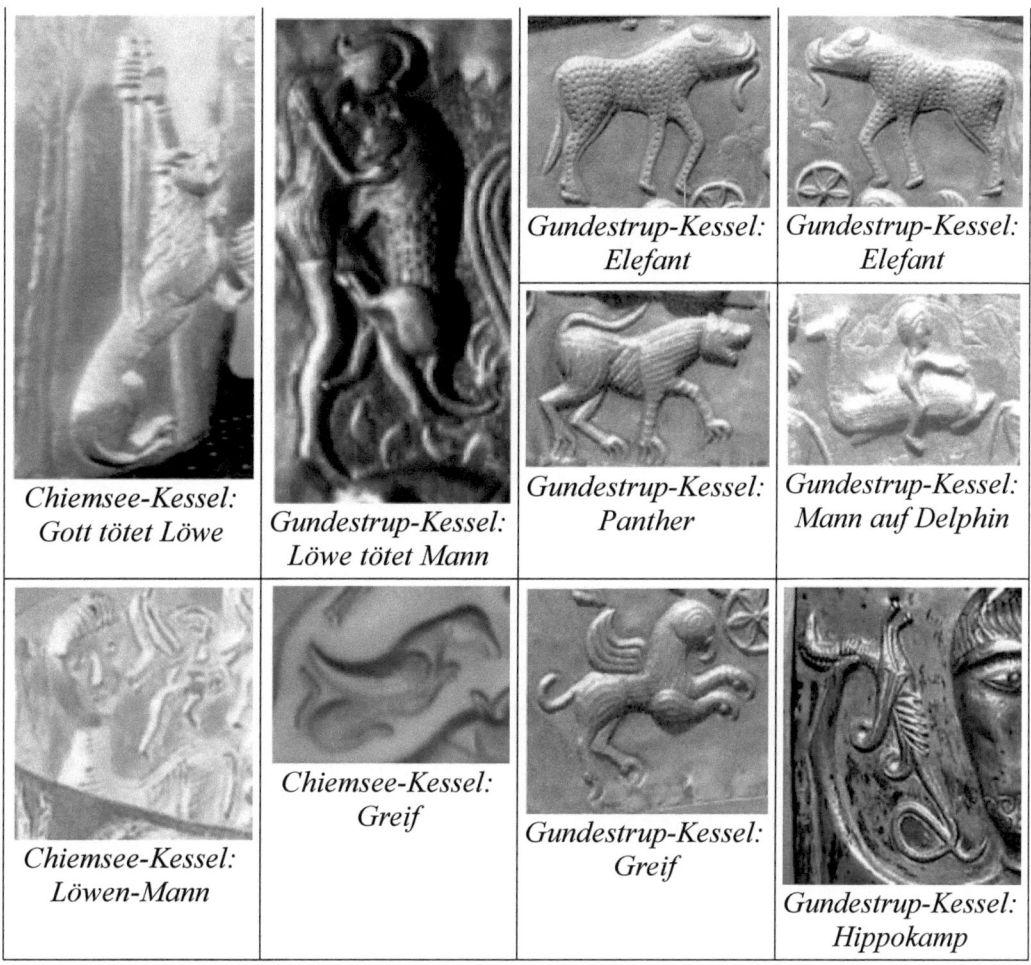

Auch hier kann man nicht von einer Nachahmung sprechen, sondern nur von unterschiedlichen Bildern vor einem gleichen mythologischen Hintergrund.

V 1. h) Pflanzen

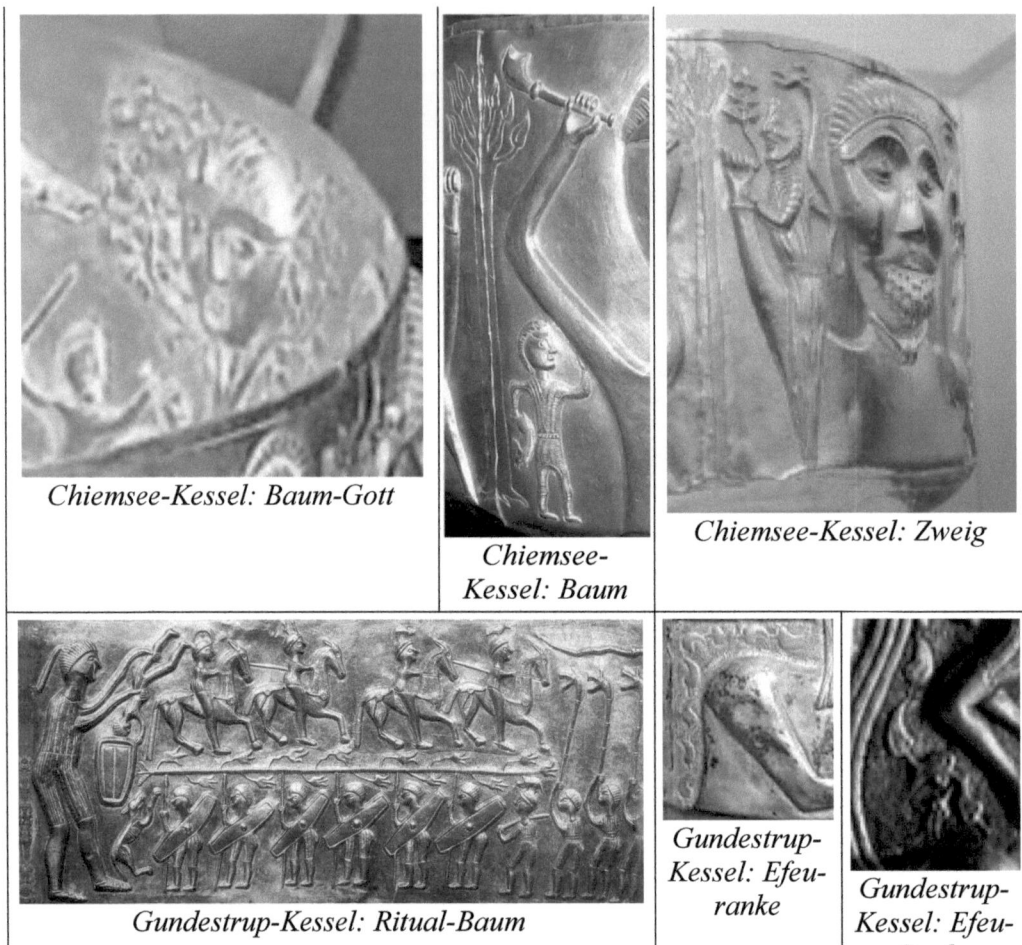

Chiemsee-Kessel: Baum-Gott

Chiemsee-Kessel: Baum

Chiemsee-Kessel: Zweig

Gundestrup-Kessel: Ritual-Baum

Gundestrup-Kessel: Efeu-ranke

Gundestrup-Kessel: Efeu-Ranke

Hier sind die Unterschiede bei gleichbleibender Symbolik besonders groß: Auf dem Chiemsee-Kessel findet sich ein Baum-Gott, Bäume und ein Zweig; auf dem Gundestrup-Kessel ein Ritual-Baum sowie Efeu-Ranken.

Der Chiemsee-Zweig und das Gundestrup-Efeu haben sehr wahrscheinlich dieselbe Symbolik: die Hoffnung auf eine Wiedergeburt.

V 1. i) Frisuren

Selbst bei dieser großen Anzahl an Bärten und Männer-Frisuren gibt es keine zwei, die sich gleichen.

Lediglich die vier Göttinnen haben dieselbe Haartracht.

Auch die Frisur des Schamanen stimmt nicht mit einer der Frisuren der Götter überein.

Dies spricht wieder dagegen, daß der Chiemsee-Kessel eine Nachahmung des Gundestrup-Kessels ist – und dafür, daß die Kelten sehr kreative Barbiere hatten …

V 1. j) Aufbau der Außenbilder des Kessels

Da die Bild-Platten des Gundestrup-Kessels einzeln gefunden worden sind und zudem eine Außenplatte fehlt, läßt sich die Anordnung der Außenbilder dieses Kessels nicht mehr mit Sicherheit rekonstruieren. Aus den sieben erhaltenen Außenplatten ließe sich jedoch wie beim Chiemsee-Kessel ein Mandala rekonstruieren.

Es wäre somit zumindestens möglich, daß die beiden Kessel dieses Merkmal gemeinsam gehabt haben.

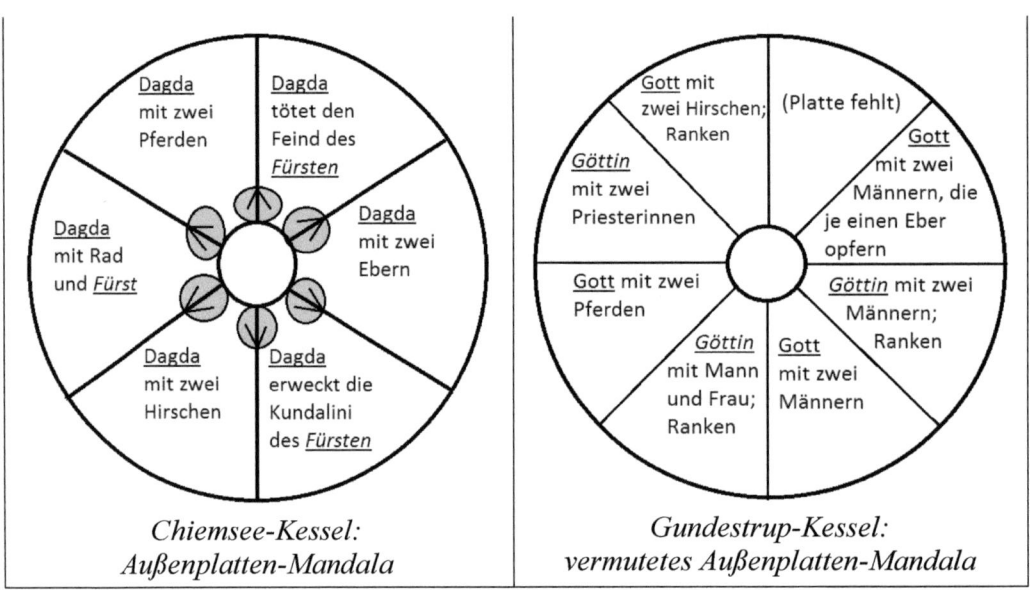

Chiemsee-Kessel: Außenplatten-Mandala

Gundestrup-Kessel: vermutetes Außenplatten-Mandala

V 2. Vergleich der übrigen Merkmale

V 2. a) Fundort

Von den keltischen Kesseln sind 4 in Gräbern, 5 in Seen und Sümpfen sowie 6 in der Erde vergraben gefunden worden.

Der Gundestrup-Kessel lag in seine Teile zerlegt in der Erde, der Chiemsee-Kessel wurde vollständig im See versenkt.

V 2. b) Aufbau des Kessels

Der Chiemsee-Kessel bestand außen aus 6 Bildplatten, der Gundestrup-Kessel aus 8 Bildplatten.
Der Chiemsee-Kessel bestand innen aus 3 Bildplatten, der Gundestrup-Kessel aus 5 Bildplatten.
Beide Kessel hatten eine Bodenplatte.

Die drei Innenplatten des Chiemsee-Kessels könnten evtl. ein Hinweis auf den Triskelis („Dreibein") sein, der bei den Kelten, Germanen und Griechen ein Symbol des Sonnen-Wanderers, also des Sonnengott-Göttervaters gewesen ist. Dies würde zwar gut zu Dagda passen, aber es gibt keine weiteren Hinweise auf eine Triskelis-Symbolik.

Auf dem Chiemsee-Kessel sind im Gegensatz zum Gundestrup-Kessel keine Göttinnen abgebildet, was vermutlich daran liegt, daß er ein Dankes-Kessel an Dagda für das Gewähren eines Sieges in der Schlacht gewesen ist.

V 2. c) Maße

Der Chiemsee-Kessel ist von seinem Durchmesser her 27% kleiner als der Gundestrup-Kessel, von seiner Höhe her 32% kleiner. Der Boden des Gundestrup-Kessels ist zudem sehr viel stärker gewölbt, sodaß beide doch eine deutlich unterschiedliche Form haben. Daher wird der Chiemsee-Kessel auch in dieser Hinsicht nicht durch den Gundestrup-Kessel inspiriert worden sein.

Aufgrund des kleineren Durchmessers und der kleineren Höhe ist das Fassungsvermögen des Chiemsee-Kessels um ca. 57% kleiner als das des Gundestrup-Kessels.

Maße	die Maße der beiden Kessel Kessel	
	Chiemsee	Gundestrup
Durchmesser	50 cm	69 cm
Umfang	157 cm	217 cm
gesamte Höhe	28,5 cm	42 cm
Höhe der Bodenwölbung	4 cm	20 cm
Volumen	55 Liter	131 Liter
Höhe der Außenbilder	24,5 cm	22 cm
Breite der Außenbilder	26 cm	27 cm
Verhältnis Breite : Höhe	1 zu 1,06	1 zu 1,23
Höhe der Innenbilder	24,5 cm	22 cm
Breite der Innenbilder	52 cm	43 cm
Verhältnis Breite : Höhe	1 zu 2,12	1 zu 1,95

Bei diesen Maßen fällt auf, daß die Außenbilder des Chiemsee-Kessels in etwa quadratisch sind und die Innenbilder doppelt so breit wie hoch sind. Bei dem Gundestrup-Kessel sind die Außenbilder ebenfalls annähernd doppelt so breit wie hoch.

Daraus läßt sich jedoch nichts weiteres schließen – diejenigen, die diese Kessel entworfen haben, hatten anscheinend eine Vorliebe für einfache Seitenverhältnisse (1:1 bzw. 1:2).

VI Ergebnisse

VI 1. Zusammenfassung

1. Die Bilder auf dem Chiemsee-Kessel stimmen mit den Bilder auf anderen keltischen Kesseln und mit den aus anderen keltischen Quellen bekannten Motiven überein.

2. Die Bilder erzählen eine in sich schlüssige Geschichte.

3. Das Thema dieser Geschichte weicht von der üblichen Jenseitsreise-Geschichte ab, was eher eine Entstehung des Kessels in der Spätzeit vermuten läßt, in der das Kessel-Motiv bereits allgemein geläufig gewesen ist, aber die Kessel nicht mehr im Zentrum des Kultes gestanden haben.

4. Da die Bilder und der Aufbau des Chiemsee-Kessels dem des Gundestrup-Kessels ähneln, sollte der Chiemsee-Kessel (wenn er denn echt ist) frühestens zu derselben Zeit wie der Gundestrup-Kessel, also um 400 v.Chr. entstanden sein – wahrscheinlich jedoch eher in der Spätzeit der Kessel, also zwischen 200-0 v.Chr.

5. Wenn der Chiemsee-Kessel eine Fälschung sein sollte, müßte er nach 1891 angefertigt worden sein, da in diesem Jahr der Gundestrup-Kessel gefunden worden ist und es nicht möglich ist, daß ein heutiger Goldschmied sich einen Kessel erdenkt, der dann einem erst später gefundenen echten keltischen Kessel so sehr gleicht.

6. Auf dem Chiemsee-Kessel befinden sich keine Bilder, die einfache oder nur geringfügig abgewandelte Kopien der Bilder auf dem Kessel von Gundestrup sind.

7. Das Thema des Chiemsee-Kessels ist ein klassischer Schadenszauber statt einer Jenseitsreise oder Krönung. Der Kessel wurde daher vermutlich von einem am Chiemsee wohnenden Kelten-Fürsten nach einem Sieg über andere Kelten oder über die Römer in Auftrag gegeben und als Dank an Dagda für den Sieg im Chiemsee versenkt.

8. Der Kessel ist der Aussage von Theodor Heiden zufolge nicht besonders sorgfältig verarbeitet und gelötet worden, was auch für eine Verwendung als Opfergabe und nicht als Gebrauchsgegenstand spricht.

VI 2. Schlußfolgerung

Der Chiemsee-Kessel ist

    1. entweder echt und wurde ungefähr in der Zeit von 200-0 v.Chr. von den Kelten oder zumindestens im Auftrag eines Keltenfürsten als Dank an den keltischen Göttervater Dagda für einen Sieg hergestellt, oder

    2. es gab nach dem Fund des Gundestrup-Kessels um 1891:
        a) einen sehr fähigen Keltologen,
        b) einen guten Goldschmied,
        c) eine Person oder Personengruppe mit hoher Motivation und viel Geld,
        d) die in religiöser Hinsicht „Kelten" waren,
        c) und die eine andere Person oder Gruppe mithilfe von Dagdas Hilfe töten wollte und denen es 10,5 kg Gold wert war, diesen Schadenszauber durchzuführen,
        e) oder die einen anderen Grund hatten, diesen Kessel im Chiemsee zu versenken.

Zu der zweiten Möglichkeit stellt sich die Frage, wer aus welchem Grund einen derart großen finanziellen, religionshistorischen und künstlerischen Aufwand betrieben haben könnte und dann auch noch im keltischen Stil und der dann auch noch diesen Kessel in einem See versenkt hat.
Solange es auf diese Frage zu der zweiten Möglichkeit keine schlüssige Antwort gibt, erscheint der erste Fall, also daß der Kessel echt ist, zumindestens aus der Betrachtung des Kessels selber wahrscheinlicher.

Leider scheint es recht unwahrscheinlich, daß das Finanzamt Bayern jemals die Untersuchungsergebnisse des von ihnen beauftragten Professoren veröffentlichen und daher einer Überprüfung zugänglich machen wird.

- - -

Nun, es läßt sich auf jeden Fall sagen, daß der Kessel, wenn er denn nicht echt sein sollte, zumindestens derartig gut gefälscht worden ist, daß vermutlich selbst ein Kelten-Fürst nicht bemerken würde, daß mit dem Kessel etwas nicht stimmt, sondern die Geschichte, die die Bilder auf dem Kessel erzählen, verstehen und plausibel finden würde.